中国文庙研究丛书

总　主　编　周洪宇

副总主编　赵国权

国家出版基金项目
NATIONAL PUBLICATION FOUNDATION

A
STUDY
ON
NINGYUAN
CONFUCIUS
TEMPLE

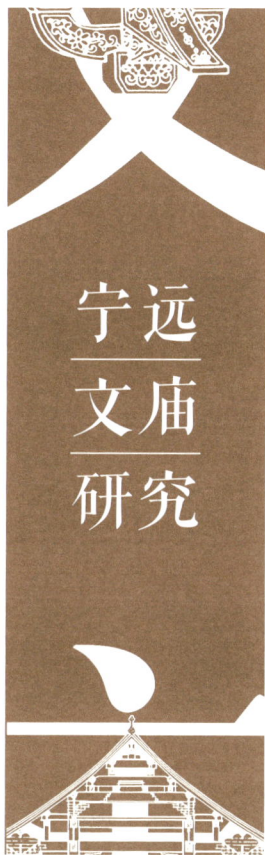

宁远文庙研究

王 配著

山东教育出版社
·济南·

总序

　　德国哲学家雅斯贝尔斯在其所著《历史的起源与目标》一书中，曾提出人类文明的"轴心时代"这一命题，即在公元前500年左右，古希腊、以色列、中国和印度，都处在人类文明的重大突破期，都出现了伟大的精神导师，诸如古希腊的苏格拉底、柏拉图、亚里士多德，以色列的犹太教先知们，古印度的释迦牟尼，中国的孔子、老子等，他们的思想一直影响至今。但相比较而言，孔子更具有代表性，其所创立的儒家思想不仅影响中国社会两千多年而从未中断过，且被后世创造性地转化为物质载体即文庙。如同"四书五经"一样，文庙在儒学传承中扮演着不可或缺的角色。尤其是文庙与官学或书院融合后，形成了中国历史及儒学文化史上特有的"庙学合一"或"庙学""学庙"现象，也使得文庙作为儒家文化的标志性符号，以其独特的精神特质深刻影响着中国的政治生态、社会生态、文化生态和教育生态，还辐射到周边及欧美不少国家和地区，至今仍彰显其强大的生命力，成为国内外学术界热议不休的历史"活化石"。

壹

据史料记载，主祀孔子的庙宇有文庙、孔庙、学庙、庙学、学宫以及宣圣庙、至圣庙、夫子庙、先师庙、先师殿、大成殿、礼殿、燕居堂、中和堂等不同的称呼，然最流行、最常用的就是文庙和孔庙，因而一些权威的大型工具书在对文庙、孔庙加以解读时，不同程度地认同文庙即孔庙、孔庙即文庙。如商务印书馆修订本《辞源》解释说，孔庙在"明清时也叫文庙"，文庙即孔子庙，"元明以后通称文庙"。[1]顾明远主编的《教育大辞典》认为，孔庙"亦称文庙"，文庙"即孔庙……元以后多称文庙"。[2]近人的学术论著中也多持此意见，这主要是基于对主祀孔子这一历史存在的认同。

"文庙"一词，较早见于《南齐书》。齐高帝时的尚书右仆射王俭，针对明堂与郊祀之礼，曾引用《郑志》中赵商与郑玄的一番对话，赵商问曰："说者谓天子庙制如明堂，是为明堂即文庙邪？"[3]《新唐书》中又有"汉孝惠、孝景、孝宣令郡国诸侯立高祖、文、武庙"[4]的记载。汉惠帝刘盈乃刘邦之子，西汉第二位帝王。可见，在西汉初年就有文庙的称呼，只是此时的文庙与孔子及其被封为"文宣王"没有必然联系。

在古汉语中，"文"与"武"是相对的一组概念。按古制，凡有功于社稷的文臣武官，均可设庙祠以祀。如主祀姜子牙的武成庙、主祀岳飞的岳飞庙、主祀关羽的关帝庙等，都属于"武庙"。而主祀姬旦的周公庙、主祀孔子的孔庙、主祀孟子的孟庙、主祀颜回的颜庙、主祀子思的子思庙、主祀曾参的曾子庙，以及孟子游梁祠、子贡祠、武侯祠、包公

---

① 商务印书馆编辑部编：《辞源》，商务印书馆1979年版，第778、1362页。
② 顾明远主编：《教育大辞典》第8卷，上海教育出版社1991年版，第152页。
③《南齐书·礼上》。
④《新唐书·高郢传》。

祠、范公祠等，都属于文庙。且武庙与文庙各有其配享及乐舞礼制，如《宋书》所载，曹魏时期"制《武始》舞武庙，制《咸熙》舞文庙"[1]。尤其是自唐宋以后，各地既建文庙又建武庙。因此，广义上的文庙，是一种与武庙相对的、主祀有功文臣或先儒先贤的礼制性建筑，体现出历朝历代"文治"的政治意图，负载有"价值判断和意识形态韵味"[2]，属于文化史学研究的范畴。而狭义上的文庙，则单指主祀孔子的礼制性建筑，亦即孔庙，也就是本丛书所论及的文庙。

就狭义上的文庙来说，史料及后世文献多以孔庙相称，明清尤甚。这是因为孔子乃"文道"之奠基者。自汉初始统治者就开始推崇孔子及其创立的儒学，汉高祖刘邦路过曲阜时还"以太牢祠焉"[3]。汉武帝"独尊儒术"后，儒学便一跃成为官方哲学，在其后上千年的发展历程中，孔子犹如道教尊老子、佛教尊释迦牟尼一样被推上神坛，或被追封为"文宣王"，或被奉为"万世师表"，主祀孔子的礼制性建筑文庙也逐步遍设于京师及全国各地。

按所承载的功能，文庙可以分为四类：

一是国庙。这是由帝王代表国家祭拜孔子的礼制性建筑，主要是设于京师的皇家孔庙。曲阜孔庙在京师未设孔庙之前曾一度扮演国庙的角色。

二是家庙。家庙是孔子家族的宗庙，如曲阜孔庙、浙江衢州孔庙以及河南郏县文庙（既是家庙又是学庙）等。

三是学庙。因庙设学、因学设庙或庙学同建，形成"庙学合一"的格局，具体是指与各级官学及书院直接相关的主祀孔子的庙宇，因而也多被称为"庙学"。明清时期多被称为文庙，如上海文庙、苏州文庙、郑州文庙等。还有被称为学宫的，如广东的番禺学宫、海南的文昌学宫等。此类文庙数量庞

①《宋书·乐一》。
②［英］海伍德：《政治学核心概念》，吴勇译，天津人民出版社2008年版，第4页。
③《史记·孔子世家》。

大，除少量的国庙、家庙、村庙外，其余的全部是学庙。

四是村庙。凡是学庙普及不到的边远地区，地方官员为推崇弘扬儒学、满足民众对圣人孔子的崇拜和对儒家文化信仰的需求，便在人口聚集区的村镇设孔庙奉祀孔子及有功于儒学的先儒先贤，可称之为"村庙"。如福建连城县培田村有一处清乾隆四十四年（1779年）所建的"文武庙"，文庙和武庙建在一栋两层阁楼内，下层武庙祀关羽，上层文庙祀孔子。在中原一带，多有因孔子圣迹所到之处而建的纪念性孔庙，如河南永城的芒砀山夫子庙是为纪念孔子在此避雨晒书而建的，河南淮阳的弦歌台为纪念孔子在此绝粮依然"弦歌不衰"而建（附有书院，亦为学庙）等。村庙数量不多、规模不大、建制不一，但与其他文庙一样承载着传承儒学与社会教化的功能。

贰

文庙起始于何时，学术界众说纷纭，或言早至春秋，或曰晚至唐朝。但无论始于何时，它总有一个产生、发展及演变的过程，其历史积淀也足以占据儒学发展的半壁江山。

文庙的雏形当从曲阜因宅设庙始，即孔子去世后，其居室由后人奉为庙，"故所居堂、弟子内，后世因庙，藏孔子平生衣、冠、琴、车、书"，且在孔子冢祭奉孔子，"鲁世世相传，以岁时奉祠孔子冢，而诸儒亦讲礼、乡饮、大射于孔子冢"。①此时的曲阜孔庙虽属家庙性质，并非严格意义上的礼制性庙宇，孔子冢之学亦属私学，且孔庙与孔子冢不在一处，但毕竟是主祀孔子，又兼有私学活动，可称之为文庙雏形，实开文庙建制之先河。

① 《史记·孔子世家》。

文庙与政治结缘、与官学融合，可追溯到东汉时期蜀郡重修的文翁石室（即蜀郡郡学）中的"周公礼殿"。据史载："蜀儒文章冠天下，其学校之盛，汉称石室、礼殿，近世则石九经，今皆存焉。"[1] 可以说，蜀郡郡学中的周公礼殿实乃"中国古代庙学合一的最早范本"，"曲阜之外中国所建最早祭祀周公、孔子的机构"。[2] 但这只是地方政府行为，尚未在全国实施，更是主祀周公，并非孔子。自汉武帝"独尊儒术"后，统治者把尊孔崇儒提到国家治理的高度，开始加封孔子及其后裔。永平二年（59年），汉明帝更是诏令郡县学校皆祀周公、孔子。这是首次以中央诏令的形式祭祀周公、孔子。

魏晋南北朝虽王朝更替频繁，加之佛道及玄学的冲击，但统治者的尊孔崇儒政策没有弱化，文庙礼制建设多有成就。如曹丕于黄初二年（221年）下令，"鲁郡修起旧庙，置百户吏卒以守卫之，又于其外广为室屋以居学者"[3]，还要求各地修葺孔庙，重开祀孔之制。东晋时在国子学"增造庙屋一百五十五间"[4]。北魏太武帝时"起太学于城东，祀孔子，以颜渊配"[5]，开创中央国学祭孔之制；孝文帝不仅在国都平城（今山西大同）创建孔子庙，开国都孔庙之先河，还下诏规范祭孔礼制，要求"自今已后，有祭孔子庙，制用酒脯而已"[6] 等。

隋唐时期重新确立儒学及孔子的政治地位，文庙进一步规范化和制度化。唐高祖李渊于武德二年（619年）下诏在国子学中立周公、孔子庙，四时致祭。唐太宗李世民下令停祭周公，开国学文庙主祀孔子之先例；贞观二十一年（647年）开始确立追祀先贤先儒的制度，是年唐太宗下诏，以左丘明等二十二人配享文庙。开元八年（720年）唐玄宗下诏，以颜回等十哲从祀孔子，并塑为坐像；开元二十七年（739

① [宋] 席益：《府学石经堂图籍记》，见 [宋] 程遇孙等编《成都文类》卷30，文渊阁四库全书本。
② 舒大刚、任利荣：《"庙学合一"：成都汉文翁石室"周公礼殿"考》，载《四川大学学报（哲学社会科学版）》2014年第5期。
③《三国志·魏书二·文帝纪第二》。
④《宋书·礼一》。
⑤《魏书·世祖纪上》。
⑥《魏书·高祖纪上》。

年）追谥孔子为文宣王，追赠颜回为兖国公，其余九哲弟子皆为侯，另追赠曾参以下七十三人为伯，孔子自此开始被称"王"。自唐以来，庙学合一进程逐步推进，庙学之制更加完备，史载"唐开元间，定孔子为先圣庙，而衮冕南面，每岁春秋祀焉，由是庙学之礼益备，凡有学者必有庙，示其尊也"[①]。

宋元时期，文庙设置更为普遍，"宋兴，崇尚文治，吾夫子之祀遍天下"[②]。不仅是官学，还有自宋朝日益兴起的书院内也必崇祀孔子，"每个书院必塑有孔子及十哲的肖像，甚至图画七十二贤一同配飨"[③]。尤其是北宋至和二年（1055年），宋仁宗开加封孔子嫡长子孙"衍圣公"的先例；南宋绍兴十年（1140年），宋高宗诏令"以释奠文宣王为大祀"[④]，即规定祭祀孔子的礼仪与祭祀社稷的大礼相同，均为国家级的重大祀典。至元朝，元武宗加封孔子为"大成至圣文宣王"[⑤]；至明朝嘉靖年间，历经数百年的"孟子升格运动"，儒学的重要传承人孟子被正式封为"亚圣"。在此情况下，文庙遍及全国各地，"郡县有学，学必有庙"[⑥]。

明清时期，"文庙"这一称呼开始被广泛使用。朱元璋即位后，改称孔子为"先师"，洪武元年便"以太牢祀先师孔子于国学"[⑦]，还"诏天下通祀孔子"[⑧]。明永乐八年（1410年），不仅"令天下文庙圣贤衣冠绘塑不合古制者悉改正"[⑨]，且改学校先师庙为"文庙"，自此"文庙"之名盛行天下。至明末，全国各地所建文庙多达1560所。[⑩]清初，康熙帝亲笔御书"万世师表"匾额悬于文庙大成殿，这是历史上首次称颂孔子为"万世师表"，表达出统治者对孔子及儒学的敬仰之情，也昭示出儒学的文化力量。至清末，文庙增至1740多所。[⑪]

① 吴澄：《崇仁县孔子庙碑》，见《吴文正公集》卷15，台北新文丰出版公司1985年版。
② [南宋] 陈宜中：《学道书院记》，见《苏州府志》卷26，清光绪九年刊本。
③ 陈青之：《中国教育史》，商务印书馆1936年版，第195页。
④《宋史·高宗六》。
⑤《元史·武宗一》。
⑥ [清] 阮元：《两浙金石志·杭州路重建庙学之碑》。
⑦《明史·太祖二》。
⑧《明史·太祖三》。
⑨《明会典·卷八十四》。
⑩ 王贵祥：《明代不同等级儒学孔庙建筑制度探》，载《中国建筑史论汇刊》2012年第2期。
⑪ 刘新：《儒家建筑文庙》，中国建筑工业出版社2013年版，第18页。

清末开办新式学堂后，庙学开始分离，文庙由以往的祭祀与教学两大主要功能蜕变为单一的祭祀功能，没有了"官学"这一光环，其维修和保护自然会受到一些影响；但不能否认其大教育功能的存在，那就是继续承担着社会教化的重任，且依然是广大士子心仪向往的神圣殿堂。虽经风风雨雨，仍有不少的文庙得以较好或部分地保存下来。改革开放后，文庙作为优秀传统文化的重要组成部分而受到普遍关注，其资源的开发和利用也被提到日程上来，文庙发展又迎来了一个新的春天。据国家文物局《文庙、书院等儒家遗产保护利用现状调研报告》（内部资料）统计，截至2016年底，除内蒙古、西藏、宁夏及台湾、香港、澳门外，共有327处文庙列入省级重点文物保护单位和全国重点文物保护单位名录，其中国保级文庙为108处。此外，日本、韩国、越南等周边国家也有近100处文庙。可以说，文庙立足本土，辐射周边，形成足以和佛寺、道观相媲美的"儒庙景观"。

叁

自文庙登上中国历史的舞台，便开始发挥其独特的多元功能，影响到中国的政治生态、文化生态及教育生态。

毫无疑问，文庙的强势缘于与政治生活的结合。自西汉确立以儒治国后，魏晋至明清皆秉承儒治政统，不断提高孔子及儒学的地位，称孔子为"人伦之表"，称儒学为"帝道之纲"，为此不断地完善庙祀孔子的礼仪制度。期间，儒学确实遭受过不同学术流派的冲击，但因儒学自身的包容性与再生力，以及与政治生活的紧密联系，它在博弈中始终占据着权力的中心位置。历代各地文庙正是在这一儒化的背景下得以建造的，反过来又对政治生态起到一种固化作用。诸如每当因社会剧烈震荡带来道德秩序的破坏、所谓"不孝不悌之事，频见词诉"①之时，统治者都毅然决然地动用儒学来拯救社会道德的缺失。每当基业稳定之际，统治者又会诏令修建文庙以传承儒学，并利用文庙祭孔活动来"宣德化""正人心"。总之，要让"君君、臣臣、父父、子子"等伦理观念根植于官员及民众心中，杜绝一切"僭越"行为，借以维系和谐的政治生态。

基于与政治生活的结缘，文庙在一定程度上成为以儒学为主体的中国传统文化反映在现实中的物化形式。这一被物化的建筑群，与"四书五经"一样，具有同等重要的文化传承价值。如果说"四书五经"借助文本来传承儒家文化的话，那么文庙则是借助建筑、礼仪等起到文化传承的作用。诸如按照礼制，文庙建筑分别有九进、七进、五进、三进院落等，常与官学毗邻，庙中有学、学中有庙等，将古代的庙宇性建筑文化传承至今。又如文庙的祭祀活动，从供奉人物的选择、座序排列到祭祀时的祭器、祭品、礼服、礼仪、音乐、舞蹈等，无不在制造一定的场境和氛围，引发民众对儒学文化的认同，从而形成特有的文化基因和精神特质，以至祭祀文化代代相传，生生不息。

基于文庙与官学或书院的结缘，文庙的设施及祭祀活动又有"风励士子"的强大教化功能，足以使在读学子形成对师道和学业的敬畏感。这是因为文庙中的受祀对象，已成为道德、道统、学统的象征，是言谈举止、待人接物的标杆，更是一种精神文化的符号。那么在文庙内祭拜这些先圣先贤，足以"使天下之士观感奋兴，肃然生其敬畏之心，油然动其效法之念"②，亦即通过"营造出一种庄严肃穆的场景，

① [南宋] 徐元杰：《延平郡学及书院诸学榜》，见《梅野集》卷11，文渊阁四库全书本。

② [清] 庞钟璐·《续写成帙恭呈御览仰祈》，见《文庙祀典考》卷50，清光绪戊寅家藏本。

使人们对先圣先师先贤等供祀对象的崇敬之情升华为一种神圣的体验"①。正是这种庄严肃穆的文化场景，使得诸生在先圣先贤像前"穆然而志专，徘徊乐之，不忍去也"②。从"穆然"到"乐之"再到"不忍去"，足见谒祠之举对在院生徒的感染力之大。更使得"自为童子时"的文天祥，看到文庙中还奉祀乡贤先儒欧阳修、杨邦乂、胡铨等塑像，且"皆谥忠"，欣然慕之曰："没不俎豆其间，非夫也。"③如此，一代代学子带着对师道和学业的敬畏，去追逐"希圣希贤"的人生理想，最终实现"传道济民"的处世目标，这也是"庙学合一"价值的最好体现。

肆

正因为有如此多元的价值及功能，文庙才能在庙学分离后艰难地生存下来，后来者才能继续守望着中华优秀传统文化这块沃土而不至于断裂或丢失。改革开放以来，国家更加重视保护和弘扬中华优秀传统文化，文庙作为儒家文化的载体自然迎来了难得的发展机遇。曲阜孔庙的祭孔活动以往由民间团体主持，从2004年起转而由地方政府主办，2007年又上升到由山东省政府与教育部、文化部等联合主办，由此带动了各地文庙的官方"祭孔"活动；越来越多的文庙遗存被列为全国重点文物保护单位，同时带动了全国各地对文庙遗存的修复和保护工作。党的十八大报告明确指出"文化是民族的血脉，是人民的精神家园"，并基于对优秀传统文化营养的汲取，提出了"二十四字"的社会主义核心价值观。2014年五四青年节当日，习近平总书记在与北京大学师生座谈时指出，中华优秀传统文化已经成为中华民族的基因，植

① 肖永明、唐亚阳：《书院祭祀的教育及社会教化功能》，载《湖南大学学报（社会科学版）》2005年第3期。
② ［南宋］陈傅良：《潭州重修岳麓书院记》，见《止斋集》卷39，文渊阁四库全书本。
③《宋史·文天祥传》。

根在中国人内心，影响着中国人的思维方式和行为方式，今天，我们提倡和弘扬社会主义核心价值观，必须从中汲取丰富营养，否则就不会有生命力和影响力。2017年1月，中共中央办公厅、国务院办公厅印发《关于实施中华优秀传统文化传承发展工程的意见》。该意见指出，在五千多年文明发展史中孕育的中华优秀传统文化，积淀着中华民族最深沉的精神追求，代表着中华民族独特的精神标识，是中华民族生生不息、发展壮大的丰厚滋养，是中国特色社会主义植根的文化沃土，是当代中国发展的突出优势，对延续和发展中华文明、促进人类文明进步，发挥着重要作用。同时，该意见从重要意义、总体要求、主要内容、重点任务、组织实施和保障措施等方面予以战略性、全局性部署。党的十九大报告中，同样强调"文化是一个国家、一个民族的灵魂。文化兴国运兴，文化强民族强。没有高度的文化自信，没有文化的繁荣兴盛，就没有中华民族伟大复兴"，"中国特色社会主义文化，源自于中华民族五千多年文明历史所孕育的中华优秀传统文化"，在新时代传承与弘扬优秀传统文化，必须"创造性转化、创新性发展"。那么，文庙作为传播儒学的主阵地，理应成为培育和践行社会主义核心价值观的重要文化阵地。事实上，已有部分文庙积极开展国学教育普及活动，如举办成人礼、开笔礼、拜师礼等，取得明显效果。

但在现实中，文庙的发展还面临诸多问题或难题。有些地方政府文物保护意识淡薄，有部分文庙遗存得不到正常的维修和保护；部分得到保护的文庙，其蕴藏的多元功能尚未得到有效发挥，甚至存在过于功利化的倾向；部分文庙设施及祭祀活动不合礼制，存在一系列具体问题，比如祭祀日应是生日还是卒日、受祀对象只是孔子还是分层次进行、每年各地文庙是同时祭祀还是"各自为政"、祭文是年年都写还是规范统一，以及在东西两庑及乡贤祠、名宦祠中是否可以续增一些新儒学代表人物等问题。要根本解决文庙发展中的问题，有待于对文庙的深入系统研究。

伍

自从文庙问世后，就有不少学者从不同的角度、用不同的方式，对文庙的建制、布局、祭祀、教化等问题做过不同程度的思考和论述。自明清以来，在举国编著大型丛书、类书的驱动下，大批学者开始对文庙的各种资料进行梳理、研究和汇编。如《明史·艺文志》就载有潘峦的《文庙乐编》、何栋如的《文庙雅乐考》、黄居中的《文庙礼乐志》、瞿九思的《孔庙礼乐考》；《清史稿·艺文志》载有阎若璩的《孔庙从祀末议》、庞钟璐的《文庙祀典考》、蓝锡瑞的《醴陵县文庙丁祭谱》、郎廷极的《文庙从祀先贤先儒考》等。此外，还有陈锦的《文庙从祀位次考》、张俟的《文庙贤儒功德录》、金之植的《文庙礼乐考》、牛树梅的《文庙通考》以及民国时期孙树义的《文庙续通考》等。这些成果对文庙的发展流变、建筑形制、祭祀礼仪及从祀制度等都做了系统考辨。改革开放以来，随着国家对优秀传统文化传承的重视及文化遗存保护力度的加强，文庙研究呈现出良好的发展态势，先后出版多部有代表性的学术著作，诸如范小平的《中国孔庙》（2004）、陈传平主编的《世界孔庙》（2004）、刘亚伟的《远去的历史场景：祀孔大典与孔庙》（2009）、孔祥林等的《世界孔子庙研究》（2011）、彭蓉的《中国孔庙建筑与环境》（2011）、董喜宁的《孔庙祭祀研究》（2014）、朱鸿林的

《孔庙从祀与乡约》（2014）等。这些学术成果从历史学、建筑学、考古学、美学等多学科多维度对文庙进行了系统性、综合性思考与研究。但在文庙理论的提升、文庙精神的挖掘、文庙文化的传播、新时代文庙如何保护利用等问题上，还需要我们进一步去思考、去探索。

本套"中国文庙研究丛书"以马克思主义唯物史观和方法论为指导，以全球视野、中国立场、问题意识、实践导向为基本价值取向，坚持历史与逻辑相一致、宏观与微观相统一、本土与域外相参照、理论与实际相结合的基本原则，充分运用历史法、文献法、比较法以及田野调查、计量分析、文本叙事、图像佐证等研究方法，从选址布局、建筑特色、祭祀礼制、教化活动、文化传承等多个维度，对各地有代表性的文庙逐一进行微观分析和深度描述，使其成为介于学术性和普及性之间的一套文庙研究丛书。纳入丛书第一辑的有十二部研究专著，分别是《曲阜孔庙研究》《西安文庙研究》《上海文庙研究》《郑州文庙研究》《太原文庙研究》《苏州文庙研究》《南宁文庙研究》《济南府学文庙研究》《宁远文庙研究》《定州文庙研究》《建水文庙研究》《正定文庙研究》，其他有代表性的文庙也正在研究之中。在此基础上，我们后续会进行历代文庙史料搜集与整理以及文庙专题研究、文庙通史研究等，努力使"文庙学"成为一门专门学问。同时，也期待有更多的文庙爱好者加入文庙研究队伍，通过深入系统的研究以及多种形式的学术交流活动，让中国的文庙文化走向世界，让世界了解中国的文庙文化。

周洪宇

2020年12月

目录

07 > 宁远文庙的相关人物

08 > 宁远文庙的价值与利用

引言

在古代，舜帝因"南巡狩，崩于苍梧之野，葬于江南九疑"[①]，因此九嶷山被称为"大舜藏精之所"，遂成为历代帝王的朝圣之地。而今，毛泽东诗句"九嶷山上白云飞，帝子乘风下翠微"，使九嶷山更加闻名。

闻名于世的九嶷山就坐落在湖南省永州市宁远县境内。宁远县有着悠久的历史文化，据光绪年间的《宁远县志》记载："宁远疆域广袤三百余里，兼两汉、六朝，春陵、泠道二县之地，废置沿革历二千年"，"自帝舜南巡后，宁远为过化之乡"。"舜文化"被视为中华道德文明之源，宁远则成为大舜文化之乡。

宁远地形奇特。俯瞰宁远县域图，其境域是一块群山环绕、山水相间的盆地。亲临宁远，犹如置身于世外桃源之境。在这片狭窄的地域上，有一座千年的文庙，称为宁远文庙。这片神奇的土地孕育了它，而它也滋养着这片土地。你中有我，我中有你，融合为一体。经历岁月的沉淀，历史的变迁，宁远文庙依然傲然挺立在这片热土，成为中南地区现

[①]《史记·五帝本纪》。

存规模最大的文庙。

宁远为舜帝教化之乡，是濂溪发源地，由唐以降，名贤辈出，皆不外于学校。宁远文庙作为古代地方官办学校，是宁远实行教化之地，培养人才之所。此地代有闻人，闻名者如唐朝状元李郃，宋朝状元乐雷发等，他们都是宁远人。其中，李郃为两湖两广地区第一个状元，宁远县湾井镇下灌村至今存留"李氏宗祠""状元楼"等古建筑。宁远文庙还是这片土地上民众的精神信仰中心和儒家文化传承之所，是宁远地区文化地标性建筑之一。

宁远文化与永州文化遥相呼应，并成为永州文化耀眼的一部分。永州是一座有着悠久历史的文化名城，有怀素的草书，舜的道德文化，江永的"女书"文化，周敦颐的朴素唯物主义思想，柳宗元惜民爱民的思想等等。这些文化是活泼的、浪漫的、神秘的、多样的、有特色的，更是中华文化宝库中的瑰宝。宁远文庙正是在这样的文化浸润中，获得不断的发展，并用自身的发展丰富着地方文化。

宁远地方志记载宁远文庙创于唐代（具体年份不详）。有确切记载的创建年代是北宋乾德三年（965年），距今已有1000余年的历史。其南北长170.8米，东西宽60.2米，占地约10282平方米。现存规制完备，是中南六省地区保存最完整、规模最大的县级文庙。文庙中最具特色的是精美的石雕，特别是蟠龙飞凤石柱群，共有20根，采用高浮雕镂空工艺，以其不可复制的工艺而成为宁远文庙所独有，极具艺术价值。1996年，宁远文庙被评为第四批全国重点文物保护单位之一，被列为"国保"，受到全国的瞩目。

宁远文庙的沿革及现状

唐宋之文庙：庙学规模初具

明清之文庙：『规模之宏阔，湖湘所仅有』

近现代之文庙：作为『毛泽东同志光辉形象敬仰馆』得以保存

文庙在我国已有两千多年的历史，发展至明清时期，全国每一个府、州、县基本都设有一座文庙。在古代，文庙为文化教育的繁荣、儒家文化的传承，国家人才的培养以及社会民众的教化等都发挥了重要作用。

　　宁远有文庙始于唐朝，至今已有一千多年的历史。宁远文庙，也称宁远学宫。它是古代宁远县读书人求学的殿堂，也是祭祀孔子的场所，因而又称为学庙。宁远文庙作为古代官办的地方县级学校，是宁远地方文教事业发展的见证者。它见证了宁远地区文教事业的兴衰，反映了自唐宋初创文庙以来，宁远地区学校、教育、文化的发展变迁。

唐宋之文庙：
庙学规模初具

宁远文庙的所在地宁远县建置历史悠久。据嘉庆十七年（1812年）《宁远县志》记载：唐虞时，"自帝舜南巡后，宁远为过化之乡，至今县南九疑山，虞陵在焉"。宁远地处《尚书·禹贡》所载的荆州，春秋战国时，为楚国的南部边境。前223年，秦灭楚后置长沙郡，以汉封舂陵地考之，今之宁远隶属长沙郡。汉元鼎六年（前111年），初置泠道县，在萧韶峰下，距今治三十余里，遗址犹存。北宋乾德三年（965年），置道州江华郡，始改延熹名宁远省，大历入焉，于是二县又并为一县，属道州江华郡。宁远之名始于此，寓意"远方安宁"。

宁远文庙是宁远县学所在地，即古代宁远地区的官办学校。其建筑包括奉祀孔子的礼制性庙宇和进行儒学教育的学校，是"庙学合一"的场所。

宁远立学，相传始于唐，但具体年代不明。因为时间久远，唐代孔子庙建筑没有一座保存至今，而且由于学校文庙的修建资料遗失，文献记载能够上溯到唐朝的也不多，宁远

冷道故城遗址一

冷道故城遗址二

文庙即是年代不详但建于唐代的文庙之一（也据孔祥林先生考证）[1]。同时，据嘉庆十七年《宁远县志》记载，宁远"文庙创自唐，在汉泠道旧县治，东五十里，宋乾德间改县宁远，迁于今所建学宫于县治西南二十余步，巽水环绕其前"。

唐代，朝廷大力崇儒兴学，推行科举取士，将科举制度与学校教育紧密结合。贞观年间令州县皆兴建学校和孔子庙。唐贞观四年（630年），"诏州县学皆作孔子庙"[2]，将孔子庙推向全国学校。连偏远南境宁远地区都设有学校，即是唐代推行地方学校的一个成效。在唐朝，宁远地区还出了一个状元——李郃（808—873），延唐（今宁远下灌乡）人，大和二年（828年）举状元，成为两湖两广地区第一个状元，宁远县湾井镇下灌村至今存留"李氏宗祠""状元楼"等古建筑。这是唐朝崇儒兴学、科举取士政策在宁远地区获得成效的一个体现。

北宋乾德三年（965年），国家尚未完全统一，朝廷忙于统一战争无暇兴办地方学校。中原地区尚且不见文庙的新建，宁远文庙地处偏远就更谈不上新建了，因此，宁远文庙始于唐代办学的可能性更大。宁远文庙在北宋初年随县城搬迁，冠以"宁远"之名，称为宁远县学，现被视为宁远文庙创建之具体可考的年代。

北宋王朝建立后，大力兴办文教事业，尊孔崇儒，重

[1] 孔祥林等：《世界孔子庙研究》（上），中央编译出版社2011年版，第54—55页。
[2] 《新唐书·礼乐志》。

视士人，广设学校。地方政府响应中央文教政策，积极办学。特别是推行的"三次兴学"，包括"庆历兴学""熙宁兴学""崇宁兴学"，使全国地方官学空前繁荣，学生数多达20万余人，更是带动了县一级的建学热潮，宁远文庙也因此而迎来一个大发展时期。南宋时期，朝廷仍继续注重发展学校教育。南宋宝祐元年（1253年），赐宁远人乐雷发为特科状元。可见，宁远文教事业在这一时期所取得的成就。

唐宋时期，宁远所属的永、道二州地区教育领先于湖南其他各州郡。据《湖南通志·选举志》载，从唐初至光绪九年（1883年）的1200多年科举考试中，永州考取的进士数量名列湖南前茅。从统计看，全省历年考取进士（包括特科）2305人，其中永州487人，占21.3%；状元11人，其中永州3人，占27.3%，包括上面提到的宁远人状元李郃、乐雷发。在历代科举考试中，永、道二州举子曾连续20届囊括湖南进士名额；曾于南宋绍兴四年（1134年）一届考取进士10名。分朝代看，唐宋时期湖南进士966人，其中永、道二州为384人，占总数的39.7%。[①]宁远县学文庙即是在这样一个大的文化环境下，不断汲取养分，获得发展。

初创时期的宁远文庙处于有利的发展环境下，因此，获得很大发展，同时也为文庙的后续发展奠定了坚实的基础。

元代时，宁远属道州路，据学者胡务博士的研究，宁远文庙"唐始创，宋元因之"[②]。在中央朝廷大力兴学的背景下，宁远文庙继续发展。只是元代关于宁远文庙的记载情况未能保存下来，而使今人不得一窥宁远文庙在元代的具体发展状况，只能通过同时期其他地区文庙的发展状况进行推测和想象。推测和想象的基础在于中国文庙制度的统一性，诸如文庙建筑制度、祭祀制度、教育教学制度等都遵循中央的统一规定。

① 张泽槐：《永州史话》，漓江出版社1997年版，第50—51页。
② 胡务：《元代庙学——无法割舍的儒学教育链》，巴蜀书社2005年版，第312页。

明清是文庙发展的鼎盛时期。文庙数量之多，奉祀人物之众，文庙建筑规制、祭祀制度之完善，在这一时期达到历史顶峰。

明代，尊孔崇儒的程度超过了之前的历朝历代，是最为推崇孔子儒家思想的朝代之一。从开国皇帝朱元璋开始，即重视教育，广设学校，将教育视为治国的第一要务，正如其明确表明的"治国之要，教化为先；教化之道，学校为本"①。学校担负着培养治国人才、改良社会风气的重任。因此，广建学校使得文庙进入了一个空前的兴盛期。清代统治者为维护统治及政权，极力尊崇孔子及其思想，大力兴办儒学教育，推行科举，倡导"程朱理学"，而使文庙的发展达到鼎盛。

明清时期的宁远文庙，位于县治西南。在明清时期中央王朝尊孔崇儒政策的推动下，宁远文庙的发展受到了地方政府官员的高度重视，历经了多次修建，规模不断扩大。现所存文庙建筑群建于清同治十二年（1873年），落成于光绪八

① 《明太祖实录·卷四六》。

清代宁远文庙在县城位置图[1]

年（1882年），其规模之宏阔，为湖湘所仅有。

明清时期，依据嘉庆十七年《宁远县志》记载，宁远文庙的毁建情况如下：明代，洪武二年（1369年），知县朱公庆复鼎建于旧址，赐赡学田，粮六百石。永乐十六年（1418年），毁于火。洪熙元年（1425年），知县刘童重建。成化十一年（1475年），知县唐惟善撤而新之。弘治六年（1493年），知县梁元振，重建棂星门。嘉靖十五年（1536年），知县周谅见郭之东，势位崇隆，清流环合如泮宫形，与邑士合谋迁学，殿堂、斋庑、戟门、厨库、衙号皆合其制度，郡守赵儒作记。至嘉靖二十六年丁未（1547年），知县刘孔愚，因士类反异，仍复迁于城内旧址，修撰罗洪先作复学记见艺文，中为先师庙，前为东西庑，为戟门，左为名宦祠，右为乡贤祠，前为棂星门，门外为泮池，左为登圣坊，右为步贤坊，殿左为明伦堂，为两斋，曰进德，曰修业，为仪门，为儒学门，门外三坊，曰青云，曰丹桂，曰成德。殿后为启圣祠，为尊经阁，为敬一亭，堂后为学仓，左为教谕廨，右为训导廨。棂星门旧以木楣，隆庆六年（1572年），署县事州判黄文科，始易以石，后万历十三年（1585年），副使孙珮重建。崇祯末年（1644年）毁于兵燹。

清代，康熙七年（1668年），遣宗人府府丞高珩祭九嶷舜陵，经其地捐银二十四两，发县议建。康熙十八年（1679年），知县徐经，董理未竣，卸事。康熙二十年（1681年），知县沈仁敷，协同教谕吴大本、训导陈铎，落成。康熙四十八年（1709年），知县徐旭旦重修。乾隆七年（1742年），知县蒋德重又修之。乾隆十四年（1749年），训导陈登庸倡建腾蛟、起凤门。乾隆三十三年（1768年），知县詹而廉，倡士鼎建，尽易其旧，殿庑、门庭、棂星、泮池，木石坚致，堪垂永久。嘉庆元年（1796年），教谕于公衮，修周垣照壁，尽易新砖，更为崇峻，牌位、匾额、楹桷、户牖，加以丹腹，彰施焕然。据光绪二年《宁远县志》记载，同治十二年（1873年），邑绅禀请改建于西关内，买田姓宅地，东至火神庙墙脚，南西二面至城脚，北至园墙脚，又北面买杨姓地一片，东西北至园墙脚。光绪元年（1875年）兴工，学宫南北长四十六丈二尺，东西宽十七丈六尺，中为正殿，台高五尺，宽八丈，栋高四丈八尺六寸一分，后为崇圣祠，前为东西庑，为戟门，为棂星门，为泮池，左礼门，右义路，又南为屏墙，如制其旧。

由上可知，明清时期的宁远文庙，经历多次修建，规制逐渐完备，规模也不断扩大，至清光绪年间，成为湖湘之最大。但宁远文庙在明清时期所出人才，却不及唐宋时期，以至于明嘉靖年间还出现了迁址，冀望能通过"吉地"的改换来实现"人杰"，然而十年未果，又重迁回原址。发展至清代，宁远文庙依然未开设正门，泮池上也未架设状元桥，一说是未出状元的缘故。其实，宁远文庙在清乾隆以后，教授生员的任务逐步移至书院，而仅留下祭孔的功能。[1]

至清朝末期，国力衰微，内忧外患，加上科举制度的废除，新式学堂的创建，文庙开始走向衰落。宁远文庙也难以挽救颓势。

[1] 张泽槐：《永州史话》，漓江出版社1997年版，第100页。

近现代之文庙：作为『毛泽东同志光辉形象敬仰馆』得以保存

从民国时期开始到"文革"结束，宁远文庙遭受了严重的破坏，包括战争的破坏，文庙被改作他用后的破坏，缺乏管理维修的自然破坏，还有人为反对传统孔子思想文化的破坏等等。宁远文庙在这个特殊的历史时期历经磨难，但最终还是保存了下来。

中华民国元年（1912年），于宁远文庙设临时县议会，悉将旧学校撤毁。启圣祠改建为正副议长室，大成殿改建为议场，名宦、乡贤祠改建为图书室，又于其前建新舍，凡为屋四重，制仿泰西建筑之式。无复夏屋，渠渠之观矣。东庑与教谕署、杂舍则改建为楼以居议员。西庑改建为廊房，置庖湢仆役之室。明伦堂改为中山纪念堂。

1926年，文庙被用作县工农运动的中心，成了农会、工会的办公地点，后又在庙内先后办了平民女子习艺工厂、县立女子高等小学等。1927年，土寇毁城，宁远县政府搬入文庙办公。自县政府迁入后，以议场为办公厅，图书室为司法处。1937年，抗日战争全面爆发，日寇进逼长沙，位于省会的湖南私立育群中学（现长沙市八中前身）迁来宁远，借用文庙为校舍，直至1951年迁回长沙。1939年，增祀抗战阵亡将士，立祠于庙中。庙右为教谕署，后改为县立女校，明伦堂改为礼堂，而堂匾犹存。

1952年，文庙被用作县直属粮库的粮仓，直到1959年文庙成为省级文物保护单位，粮仓才从文庙迁出。1959年3月，省文化厅拨款3000元，对乡贤、名宦两祠作了简单的装修，县文化馆及县文化艺术学校迁入文庙，乡贤祠改作图书室，名宦祠改作文艺学校的办公室及教师、女生住所，西庑改作教室，大成殿改作艺校的男生宿舍，后来男宿舍搬至文庙后园内的一栋平房里。文庙外园东边围墙一带，则被县发电厂占用，电厂在围墙上挖了两个大洞，作为锅炉门，墙外盖起了锅炉房，南边照壁下搭建了厂棚，堆放燃料（当时以木柴作燃料烧锅炉）。这期间尽管文庙先后被各机关、学校、仓库占用，但均未开前门，来文化馆借书的读者也只能从东侧腾蛟门进入，文庙仍然是封闭状态。1963年10月，省文化厅拨款5万元，对文庙屋面进行整修。

1966年，"文化大革命"开始后，文庙首当"破四旧"之冲，被砸毁的精美石雕达48处，一些文物受到摧残。1967年，县文化系统"造反派"为紧跟"大好形势"，表现自己是革命群众组织，墙上绘毛泽东像，将两侧厢房辟作展厅，用胶合板封上大成门的浮钉，写上毛主席手体诗词，在照壁上开了可供汽车进出的大门，园内立满了水泥预制板语录牌，拆除了大成殿的孔子神龛、皇帝题匾，代以毛泽东历史照片为主要内容，还在大成门内立了一尊3米多高的毛泽东像，把文庙命名为"毛泽东同志光辉形象敬仰馆"，宁远文庙得以保存。1973年，国务院再次行文，要求各地保护历史文物，宁远文庙重新立起了"湖南省重点文物保护单位"的标志牌。1974年夏，省文化厅拨款3万元，翻修文庙大成殿。1976年，文化馆、图书馆恢复建制，两单位分别以文庙作办公用房和住房。

1979年，县文化局从文教科中分出建制，借文庙西庑办公。1981年，省文化厅拨款4.2万元，维修大成殿及崇圣祠。1982年，修复在"文化大革命"中所毁的《圣迹图》和孔子神位，并且开始在大成殿对外开放售票参观，每票人民币两分，后改为五分，并在步贤坊收票，收入主要用于解决文庙的日常宣传、维护等项支出。1983年，省人民政府重新宣布宁远文庙为省级重点文物保护单位，县财政拨款1.4万元，为大成殿、大成门以及乡贤、名宦两祠重施油漆。至此，湖南省人民政府于1959年、1973年、1983年先后三次宣布，宁远文庙为省级重点文物保护单位，对文庙的保护起到了非常大的作用。1984年，修复了在"文化大革命"中被封闭的步贤坊，封闭了开在照壁上的大门。1985年，县政府拆迁了建在步贤坊门口的水果店。同年3月，县文物管理所正式成立。文庙作为群众游览的场所也正式开放。9月，中央美术学院教授周令钊先生带领9名学生来宁远采风，对文庙的高浮雕镂空石雕，作出了极高的评价。

1987年，湖南省人民政府公布九嶷山为省级风景名胜区，宁远文庙始印刷了胶印彩色门票，并标上了"九嶷山风景名胜区游览纪念"，正式将宁远文庙作为九嶷山风景名胜区的旅游景点，对外宣传和开放。1989年，省文物局拨款2万元，修复了大成殿木质页子门。县财政拨款1万元，重塑了大成殿孔子像。自1987年县图书馆开始迁出文庙起，占用文庙的老年人体协活动中心、县文化局陆续外迁，至1989年冬全部迁出。为了加强安全保卫以及便于游客参观，占用文庙的县文化馆也另辟大门出入，不再由文庙进出，文庙开始向专供游览的景点过渡。1993年，经湖南省文物局批准，将照壁改建成了文渊阁。1995年8月6日，国家建设部和国家文物局的古建专家郑孝燮、罗哲文先生来宁远考察，被宁远文庙精美壮观的高浮雕龙凤石柱群所吸引，以至于流连忘返，并连声赞叹为"国宝"。

1996年11月21日，国务院正式行文公布第四批全国重点文物保护单位，宁远文庙位列其中。同年，《中国文物报》刊登了《中南最大的孔庙——宁远文庙》的文章，宁远文庙正式通过国家级媒体走向海内外。嗣后，台湾喜义市崇圣博物馆又发行了明信片《宁远文庙大成殿》的照片。1997年，国家建设部、国家文物局联合编撰的大型文献性图书《中国风景名胜大观》（古迹卷）收入宁远文庙照片。此书由国际文化出版公司出版，并向各国驻华使馆赠送和向海外发行。宁远文庙作为国家名胜古迹，由国家主管部门和出版机构推向世界，接待观光游客的数量逐年递增。文庙不仅是旅游资源还有研究价值，英国、加拿大、日本等国的一些学者也访问了宁远文庙。

2002年9月29日，在宁远文庙举行了湖南省首届公祭孔子大典，由时任湖南省人民政府副省长唐之享主祭，参加活动的社会各界代表近万人。2003年，国家文物局拨款273万元对宁远文庙进行了整体维修，由福建刺桐古建筑维修公司主持维修工作，维修了所有的屋面，更换了糟朽的木构件和地板砖，恢复了东庑、明伦堂、尊经阁、乡贤祠、名宦祠的木质门窗，至2005年维修全面竣工。2005年国家文物局拨款80万元，为宁远文庙安装了监控、红外报警装置，并对文庙内的消防设施进行了全面的提质更新。2005年9月28日，中国教育学会副会长郭振有率第三届"中华民族传统美德教育实验研究"课题工作会议暨全国中小学德育工作经验交流会的与会代表，湖南省教育学会及宁远县各界代表，在宁远文庙公祭孔子。

2009年，县财政拨款20万元，对步贤坊、登圣坊进行了维修。2010年，县财政拨款40万元，对文渊阁屋面进行了维修。2011年，省文物局拨款80万元，修建了碑廊。但因客观条件限制，关于宁远文庙的碑刻大多不存，所以未见成效。2015年，县财政拨款100万，修缮文庙电路以及修建名人展馆和建文帝隐踪九嶷展馆。2016年，国家文物局拨款约130万，用于文庙防雷工程建设；拨款约160万，用于文庙石构建维护工程。

目前宁远文庙有政府的专人管理，定期的维修以及固定的经费支持。作为文化旅游基地，还成为进行爱国主义教育、传播弘扬传统文化基地以及社会文化活动的场所，文庙融入了新时代，继续发挥着它的作用。

宁远文庙的选址、布局与生态

在古代，文庙起着传承儒学，培养人才的重要作用。朝廷开科取士必由学校，各府、州、县级文庙即各地方的官办学校。所以，各地官员都把修建文庙作为地方的头等大事来对待，往往集中一地的人力、物力、财力，对文庙的选址、布局、装饰等都要经过一番慎重考量、规划，最终才能促成一座文庙的建成。文庙作为国家礼制性建筑，在建筑的等级、祭祀的级别、教学内容、学规等方面要遵循中央颁行的统一的规制要求。宁远文庙在最初选址、布局、装饰等方面，体现着国家意志，但也表现出自身的特色。

宁远文庙的选址：藏风得水

风水观是古代中国朴素的自然观、哲学观、宇宙观的一个反映，表现出强烈的象征意味，在传统社会普遍存在。大到都城、皇城、皇帝陵墓、城镇、村落的选址，小到一组建筑群或建筑室内的布置，常有风水师的参与，或受到风水理论的影响。至于礼制建筑或公共建筑，如祠庙、书院、奎星楼、文昌阁、塔等，古人更是以风水的标准来衡量，或授之以良好的风水宝地，或附以特殊的吉利方位等等。建筑选址的讲究中，往往寄托了人们一份美好的愿景。

文庙是国家礼制性建筑，也是一个地方文运是否兴盛的象征。在笃信"地灵"与"人杰"相辅相成的民众观念中，修建文庙乃是"兴地脉"和"焕人文"的重要手段。人们往往将地方科举的兴盛归因于文庙的选址。所以，在营建文庙时无论政府还是地方士绅，对于文庙选址都极为重视。为振兴文运，常谋龟筮、考诸阴阳家者之说，而为文庙择吉地。

宁远文庙选址，也深受风水思想的影响，注重"地运"的考量。宁远文庙择址就体现了风水术提倡的"藏风得水"

思想。所谓"藏风"，由于宁远位于南岭腹地，北接阳明山，南连九嶷山，两大山体对阻挡南下的寒潮和东南来的台风起了重要作用，这也是宁远文庙得以保存完好的外部环境因素，此即谓之"藏风"；在"得水为上"的风水思想指导下，宁远文庙选址在河渠北岸。嘉庆十七年《宁远县志》记载："所建学宫于县治西南二十余步，巽水环绕其前。"① "巽"代表东南方，"巽水"即从东南方流来的水，此指宁远文庙前边的泠江。泠江发源于宁远东南山区，横穿全境，在县城西北处注入湘江。宁远文庙开门见水，谓之"得水"。民众冀望这样的选址能够给宁远地方带来福祉，即文运昌盛、人才辈出。

宁远文庙的重新修建，古人也以风水考量为先。嘉庆十七年《宁远县志》记载，明代嘉靖年间，"周用术者言，文事不振，气有隆替，徙之"②。意思就是，县令周谅听信方士之言，认为宁远文运不盛，乃文庙的地气有变所致，为了"趋吉避凶"，决心迁徙，择址重建之，从县衙门之西南迁至其东。文庙的重建址也是出于风水择地的考虑。乾隆七年（1742年）知县蒋德重在阐述重修文庙的原因时，亦认为由于"城高逼近，正殿不扬"，文庙"不能挹九疑潇水之秀"③，故文运逊于前代。乾隆三十三年（1768年）知县詹而廉又在重修文庙前，命风水师"相地脉，观流泉，厥土就燥，厥水就淳"④。可见，风水对宁远文庙择址的重要影响。

宁远文庙虽地处西南偏远山区，然所处之地"无土山，无浊水"，有"舜之遗风"，曾文教发达，人才辈出。"民秉是气，往往清慧而文"，甚至村童"无不蒸蒸向化，慕义从风"。⑤ 唐宋年间，就有两位宁远人金榜题名，状元及第。时

① 嘉庆《宁远县志》卷之四《学校志·文庙缘起》。
② 嘉庆《宁远县志》卷之八《艺文志·迁复儒学记》。
③ 嘉庆《宁远县志》卷之八《艺文志·重修儒学记》。
④ 嘉庆《宁远县志》卷之八《艺文志·重修学宫碑记》。
⑤ 嘉庆《宁远县志》卷之八《艺文志·重修儒学记》。

人记载"唐宋以来，大魁者二人，皆有义风著闻"[1]。一位是唐代的李郃（808—873），延唐（今宁远下灌乡）人，大和二年（828年）举状元，是两湖两广地区第一位状元，宁远县湾井镇下灌村至今存留"李氏宗祠"和"状元楼"等古建筑；另一位是南宋宝祐元年（1253年）的特科状元，宁远人乐雷发。除此之外，《重修学宫碑记》赞此地"以名进士出身者，指不胜屈"。

[1] 嘉庆《宁远县志》卷之八《艺文志·重修学宫碑记》。

文庙是祭祀孔子的庙宇与学校的结合，即"庙学合一"，或因庙设学，或因学设庙，因而存在两种主要的活动空间布局，一是祭祀孔子及儒学代表人物的祭祀空间，一是进行儒学教育的学校教学空间。

祭祀空间布局

宁远文庙祭祀空间布局可分三部分：照壁至大成门为第一个部分，称为前导空间，主要包括照壁、泮池、棂星门等；大成门到大成殿为第二个部分，称为主体核心空间，主要有大成门、大成殿、名宦祠、乡贤祠、东庑、西庑等；大成殿后至崇圣祠为第三部分，称为后部空间，主要是崇圣祠。

宁远文庙空间布局的一个特点是，由大成门及其两边的名宦祠、乡贤祠构成一道屏障，把整个文庙分成"前园后院"两个部分。"前园"为准备性空间，多种植花草树木，绿树如茵，一派园林景象。"后院"主体突出，两边建筑以中轴线严格对称布局，又各建筑连接成一个整体，为天井四合院式布局。主体核心空间大成殿居中高耸，雄伟俊秀，崇圣祠居大成殿之后，与之相隔较近，空间比较狭小。

教学空间布局

用于教学的主体建筑是明伦堂。现在宁远文庙明伦堂，位于大成殿与崇圣祠之间的东边厢房，为古时的讲堂。与明伦堂相对称的是尊经阁，为藏书之所。现宁远文庙教学建筑仅为明伦堂与尊经阁。

宁远文庙现存建筑群为清同治到光绪年间重建，形制完备，保存基本完好。但教学空间在整个文庙空间中所占比重非常小，这与清朝末期科举制度的衰落，以及书院的发展有很大的关系。清乾隆以后，宁远文庙教授生员的任务逐步移到书院，文庙的教学功能弱化，教学空间形同虚设。

"庙"与"学"空间布局关系

明伦堂是用于文庙教学的主体，大成殿是文庙祭祀的主体，以两者的位置来确定庙学的空间布局关系。[①]常见的"庙"与"学"布局形式，有左庙右学、右庙左学、前庙后学。而文庙为了对称布局，把同属于教学建筑的尊经阁放在大成殿右侧，但这不能影响决定"庙"与"学"的布局形式的整体思路。

据明洪武年间《永州府志·学校》记载："宁远县学在县治西南，创自唐宋时，其来久矣。中为正殿，东西两庑列从

---

① 孔祥林等：《世界孔子庙研究》（上），中央编译出版社2011年版，第178页。

祀位。前（为）应门五间，外为棂星门三间。殿后为讲堂，左右为诸生斋舍。至于米廪、祭器库、射圃、厨房、宰牲房之类，一如各学之例。"①可知，明洪武时宁远文庙明伦堂在大成殿之后，庙与学的布局形式就是"前庙后学"。

明嘉靖二十六年（1547年），知县刘孔愚重建文庙，有一段记载："殿左为明伦堂，为两斋，曰进德，曰修业，为仪门，为儒学门，门外三坊，曰青云，曰丹桂，曰成德。殿后为启圣祠，为尊经阁，为敬一亭，堂后为学仓，左为教谕廨，右为训导廨。"可见在明朝嘉靖重修宁远文庙后，庙与学的布局形式也是"右庙左学"，只是"学"的建筑所占空间比现存文庙更大更多。

清乾隆三十三年（1768年），知县詹尔廉重建文庙，"以历年兵火之余，虽有补治，而因陋就简，其制未备，于是尽易其旧，而殿庑阶墀咸为改观，教谕署移建庙右头，门三楹，进为仪门，再进为明伦堂，后为杂舍，又其右为训导署，堂二重皆三楹"。"明伦堂旧在文庙东，正厅三楹，大门三楹，前列屏墙。康熙二十年（1681年），知县沈仁敷创建文庙并建此堂；四十八年（1709年），知县徐旭旦重修。乾隆十七年（1752年），知县钟人文继修；三十三年（1768年），知县詹尔廉重建文庙，于明伦堂并东斋地基堂，遂改建于文庙之西，制如旧。"可知，明伦堂在大成殿西边，也即右边，那此时宁远文庙庙学的布局形式则是"左庙右学"。

现存宁远文庙建成于清光绪年间，为晚清时期的建筑布局，明伦堂在大成殿的左侧，也就是东边，因此宁远文庙应该为"右庙左学"的布局形式。

以上据可查阅到的资料显示，宁远文庙"庙"与"学"空间布局关系，在各时期存在不同。宁远地方政府在每次的

① 洪武《永州府志》卷二《学校》。

文庙修建过程中，对学校部分的建筑进行整改、新修，会导致庙学空间布局关系的些微变动。但大成殿始终占据文庙中心位置，学校部分的建筑皆在其后面院落。现存的明伦堂、尊经阁即在最后的第三进院落，居大成殿后左右两边。

整体布局特点

宁远文庙建筑群布局的一个特点就是院的运用。院由各单体建筑组合而成，若干院组成建筑群。每个院落规格布局各不相同，大小不一，氛围和观感也有所不同。文庙的院落最多至九进，"极于九"，一般只用于皇宫，而只有曲阜孔庙是九进院落，表达了对孔子及其思想的无限尊崇，其他的还有七、五、三进院落等。文庙院落的大小、进数、序列、组合等都有着严格的规定和不同内涵。

宁远文庙作为县学文庙，遵循国家礼制的规定，为三进院落，其整个建筑以乡贤祠—大成门—名宦祠相连一线为界，分为"前园后院"，前园为第一进院落，后院由两进四合院式院落组成。由园入院，建筑便由少变多、由低变高，殿阁巍峨、金碧辉煌，让参观者从郁郁葱葱的环境，顿时转入庄严肃穆的氛围。

第一进院落相对空旷，花园式样，是烘托主殿的准备性空间。从东西院墙上的登圣坊或步贤坊进入文庙，即东南、西南角两门，映入眼帘的便是一个半圆形的池子，谓之"泮池"，又名"学海"，是宁远县地方官学的标志。"泮池"四周环以石砌护栏，护栏上镶嵌了51块儒家文化题材的石刻，池中有青莲和游鱼。古代学子初入学时，需绕行泮池三圈，此举寓意遨游学海。泮池中蓄水，池中有进出水口，与文庙南边河渠（泠江）相通，因而是活水泮池，暗喻儒家思想"孔泽流长"，并期盼学子能从圣人的"乐水"中得到启示。同时，半圆的水池，无论旱涝，都不盈不亏，象征"学无止境"，即在校所学的知识只是一半，学子不可自满、自弃。而且半圆形的泮池与整个呈方形的文庙，方圆结合，不仅避免了整个建筑群的单调之感，还给文庙增添了些许灵气，更是古人"天圆地方"的朴素宇宙观的体现。泮池正对着棂星门。这是典型的四柱三门式青石门，门上雕刻着龙凤等纹样，精美绝伦。"棂星"即灵星，是二十八星宿之一，古代皇帝祭天得先祭灵星，在文庙中建棂星门，则象征祭孔如祭天。在传统社会，前来文庙祭拜的文武官员行至棂星门前，必须下马、下轿以示尊敬。经过棂星门，步入神道，直通大成门，道两边便是两片园地，里面种植着松、梅、桔、樟、竹等象征高洁品格的四季常青树种，郁郁葱葱，一方面象征儒学的常青、常新，经久不衰；另一方面则以此劝诫学子要成为品德高尚、百折不挠的人。

第二进院落由东西庑、乡贤祠—大成门—名宦祠、大成殿组成，是东西南北围合的空间，院落最为宽广，为整个文庙的核心空间，象征庙主孔子的等级和地位。主殿大成殿是建于台基之上的重檐歇山顶的宫殿式建筑，面阔五间，四周柱廊环绕，是整个文庙的核心和主体部分，高大华美，突出于四周门庑殿堂之上。其前后檐共有12根龙凤石柱，全部采用高浮雕镂空工艺制作，造型生动活泼、栩栩如生、龙盘凤舞、瑞云飞翔，是整个文庙雕刻的精品，堪称不可复制的"国宝"，是宁远文庙的主要特色之一。大成殿四周墙上绘着"圣迹图"，记述了孔子从自学成才到立学授徒的一生。殿前的石砌月台，四周围着石护栏，每块石护栏，都雕有寓聪明、吉祥、福禄寿齐至的图案。正中的御路石，采用高浮雕镂空工艺，雕刻着栩栩如生的五龙戏珠图案。若在雨天，有水流过，五条龙动态十足，犹如活物。大成殿前两侧为东庑和西庑，供奉着历代先贤先儒的牌位。大成门为硬山单檐，三级马头（封火）墙，上盖黄色琉璃瓦，为过厅式大门，三孔长方形大门，并排而立，门上镶嵌着金色的门钉和威严的铺首兽头。大成门两侧分别相接的是乡贤祠和名宦祠，系硬山单檐青瓦木结构建筑，分别用来供奉当地有德于民众的社会名流和有政绩的官员，为学子树立学习的榜样。

第三进院落离大成殿较近，空间相对狭小，由崇圣祠、大成殿、明伦堂、尊经阁合围而成，象征着儒家倡导的"孝道""人伦"等思想。崇圣祠，为这一院落的主体建筑，系硬山前重檐，有雕刻精美的灰塑图案的马头墙，是供奉孔子五世先祖牌位之所，体现着孔子所倡导的孝道思想。殿前檐有两根雕琢精美的凤柱，引颈高鸣展翅欲翔，非常灵动。祠堂左边是明伦堂，为师生授受的讲堂，传统社会的教育，主要是使受教育者知晓社会伦理道德，明白做人的行为规范，故取名"明伦"，暗示着教育的培养目标；右边是尊经阁，为存放儒家经典的图书室，收藏着儒家经典著作。

整体而言，宁远文庙建筑群由照壁开始，至崇圣祠结束，照壁是序幕，大成殿是高潮，崇圣祠是尾声。以主祀孔子的大成殿为中心，象征着孔子至圣先师的尊贵地位。在红色围墙环绕的闭合空间里，宁远文庙采用了严格的中轴对称布局，即南北中轴线纵深发展、两边对称的布局方式。中轴线上分别坐落影壁—泮池—棂星门—大成门—大成殿—崇圣祠；两边建筑分别为登圣坊、步贤坊，腾蛟门、起凤门，名宦祠、乡贤祠，东庑、西庑，明伦堂和尊经阁。这样的对称既可突出居中为尊，又因对称的纵深铺展，形成轴线，各组建筑串联在同一轴线上，形成统一而有序的整体。文庙作为儒家思想的物化，其布局也折射出儒家有序、中正、和谐的思想。

宁远文庙的生态：
天人合一

文庙作为建筑实体和儒家文化符号，在其生成、演变、发展的过程中，通常会受到自然、人文、社会等多种环境因素的影响。历经千百年，文庙与这些因素逐渐融为一体，形成独特的文庙生态。通过对宁远文庙发展历程的考察可知，既具国家意志又有地方特色的文庙生态，是文庙存在和发展的根基。

何谓文庙生态

文庙："庙学合一"的教化场所

文庙是祭祀孔子的礼制性庙宇，也是一处名副其实的进行教化的空间场所，和"书院""贡院""祠堂"一样是教育的"活化石"，被视为中国传统教育的象征。在历史上主要承担着培育人才和传播文化的功能。

明清以前，文庙的名称各朝各代不一。①及至明清，方统称为"文庙"。②这些名称大都与先圣、先师孔子有关。孔

---

① 文庙的别称有"孔庙""孔子庙""夫子庙""至圣庙""先师庙""文宣王庙""庙学""儒学""学庙""学宫""泮宫""黉宫"等。

② "明、清时称孔子庙曰文庙。"参见舒新城等主编《辞海》，中华书局1981年版，第1318页。

子开私学之先河，培养了很多有名的弟子，对教育做出了很大的贡献。特别是当"罢黜百家、独尊儒术"的政策被实施后，儒学被奉为官方哲学。随之而来的便是教化儒经与崇祀孔子，国家政治与教育的强势结缘催生了文庙，并给予了其顽强的生命力。发展至明清时期，文庙进入全盛时期，数量达到1700多所[①]，遍布中国各府、州、县。查看各府州县的古城地图，文庙都是地标性建筑之一，居于城市要地。

目前，学界尚未统一定义文庙，但做出了将其分类阐释的尝试。[②]与孔子相关的庙宇，大致分为三类：国庙、家庙和学庙，其中学庙的数量占了绝大多数。本书涉及的文庙从属于教育史学研究范畴，主要是指古代各级官办学校（府学、州学、县学）内主祀孔子的礼制性庙宇，"主祀孔子且伴有教学活动"，是实行"庙学合一"制的场所，即"学庙"。[③]其与孔子祖庙和各地纪念性孔子庙有所不同，主要区分标志在于是否开展教学活动。至于"庙学合一"制，指在学校内建置孔子庙，有的"因学设庙"，有的"因庙设学"，且都在内举行学礼、祭祀活动。唐代贞观四年（630年），"诏州、县学皆作孔子庙"[④]。此后，全国性的孔子庙和学校的结合，即"庙学合一"制便流行至全国。

生态：审视文庙价值的新视角

"生态"一词，源于生物学研究，伴随近代生物学的发展而产生，最初指生物在一定自然环境下的生存状态。"直观地看来，生态无非就是生物的生存环境（生境），包括水、光、温度、空气、土壤和生物等自然环境因素。"[⑤]而生态学作为生物学的分支学科，是一门研究"关系"的科学，"研究主体与主体、主体与环境之间相互关系"[⑥]，而"不是孤立地

① "19世纪中期是孔子庙的全盛时期，中国有学校孔子庙1730多所。"孔祥林等：《世界孔子庙研究》（上），中央编译出版社2011年版，第3页。
② 孔祥林等：《世界孔子庙研究》（上），中央编译出版社2011年版，第3页；彭蓉：《中国孔庙建筑与环境》，中州古籍出版社2011年版，第22—26页。
③ 周洪宇、赵国权：《文庙学：一门值得深入探究的新兴"学问"》，载《江汉论坛》2016年第5期。此文中如此定义教育史学研究范畴的文庙："孔庙中的一种，是与武庙相对、主祀孔子且伴有教学活动的礼制性建筑，具体是指与各级官学及书院直接相关的主祀孔子的庙宇，或称之为'庙学'，或称之为'学庙'。"
④ ［宋］欧阳修、宋祁：《新唐书·礼乐志》，中华书局1975年版，第373页。
⑤ 叶峻：《自然生态、社会生态与社会生态学——兼议"生态系人"的特点和品质》，载《贵州社会科学》1998年第4期。
⑥ 朱小蔓、刘贵华：《功能·环境·制度——基于生态理念的现代学校制度建设》，载《华东师范大学学报（教育科学版）》2006年第2期。

研究生物有机体，也不是孤立地研究环境，而是研究生物有机体与环境，以及互为环境的生物与生物之间的辩证统一关系的科学"①。生态学的这些理论给人文社会科学研究以极大的启发，人们意识到不仅仅自然界的生物与其周围环境的关系密切，人类社会的各方面如政治、经济、文化、教育等也需要处理面对这些关系和遵循一些相似的规律。

事实上，20世纪以来"生态"一词涉及的领域确实越来越广，从单纯的自然生物学科扩展到了整个人类社会，并逐渐渗透到了经济学、政治学、管理学、社会学、教育学、人类学等诸多学科和研究领域。生态学者马世骏指出："生态学向社会、经济、人口、全球问题的扩展，反映了时代需要，是科学的自然发展规律。"②因此，"生态"的概念也已远远超过了原有的自然科学的范畴，并被赋予了更多的人文、社会科学的涵义，如人文生态、社会生态、政治生态、教育生态等。

在此背景下，将生态学的理论应用于文庙这一教育场所的研究中，关注传统社会文庙的发展，为运用新的视角和方法来研究文庙问题提供了可能。文庙作为传统社会文化的产物，由于同时深受自然环境和人文社会环境的影响，故而，从生态的视角审视之则可以为研究古代学校教育提供一种新的视野。

文庙生态：实施教化的空间环境

文庙作为国家礼制性建筑群和地方文教中心，一直备受关注和重视。一方面，作为建筑实体，其存在于自然界，同时又讲究与自然环境的融合。根据遗存下来的文庙可知，文庙作为一个官办教化场所，其山水、气象、水文、日照、朝

① 周鸿：《人类生态学》，高等教育出版社2001年版，第2页。
② 马世骏主编：《中国生态学发展战略研究》（第1集），中国经济出版社1991年版，序言。

向、植被等等条件，都遵循着一套关于"人、建筑与自然"和谐相处的哲学，因此十分讲究巧妙地利用和配置自然条件，整个文庙空间呈现出来的状态犹如一个自然生态园，与自然环境融为一体。

另一方面，文庙作为儒家思想文化的产物，也是一个精神符号，既受统治者的推崇，又受读书人和老百姓的尊崇。儒家思想定于一尊成为正统思想后，随之设学以教化儒经，设庙以祭祀孔子，文庙就是"庙"和"学"交融于一体的典范。毕竟，文庙异常顽强的生命力，得益于政治与教育的强势结合。

儒家思想是文庙存在的根本，所以传播儒家思想、祭祀儒家圣贤人物就成为文庙的主要功能。讲究儒家学术源流和成圣成贤的立志、熏陶教育，再加上其整体建筑布局、命名以及装饰所体现出的儒家思想文化，文庙俨然一个文化生态园。综上，文庙生态指文庙与其周围生态环境（包括自然的、人文的、社会的）交织交融后所形成的实施教化的空间环境，是文庙与生态的完美融合。

文庙生态的三个维度

自然生态：文庙生存的土壤

自然生态，就是自然界生物的生存环境。万事万物都存在于大自然的怀抱中，不能脱离周围环境而独立存在。受"天人合一"自然哲学观的影响，古代中国人非常注重"人——建筑——自然"的关系，自古追求建筑与自然环境的和谐、融合。而文庙，作为人类创造的物质建筑实体，更是讲究文庙与自然环境的融合。不管是最初的选址、布局、规划设计以及营建，还是后续的发展，文庙建筑每个阶段都不同程度地受到自然环境的影响。如气候、地形、地貌、水文等自然生态环境因素。自然环境构成了文庙实体存在的物质基础。所以，自然生态可以被视为文庙生成的基础。

宁远文庙能够绵延千年，成为湖南乃至中南六省现存规模最大、保存最完整的文庙，而其他大部分文庙都湮没于历史的长河中，缘由何在？宁远文庙所处的自然生态环境便是原因其一。总体而言，自然生态对宁远文庙的影响主要表现如下：

首先是优越的地理位置。宁远县位于处湖南省南部，是湘、粤、桂三省交界地带，地处中国南部最大山脉和重要自然地理界线——南岭，南岭山脉虽普遍不高，但对阻挡南下的寒潮和东南来的台风却起着重要作用。所在区域南北直接与九嶷山和阳明山相连，两大山体阻隔，使宁远成为一个相对隔绝的"天然温室"，虽相对封闭，但也为宁远文庙的保存提供了绝佳的外部环境。

其次是独特的地形地貌。宁远地区多山石，属于山区，石材丰富，便于文庙建筑就地取材，宁远文庙建筑几乎都与石头相关。漫步宁远文庙中，可以发现，条石处处，几乎有路皆石，有坪皆石，有柱皆石。整个庙宇除了石头还是石头，石石相连，构成了一个石的世界，因此，当地居民称其为"石头庙"。相比较，石质建筑比木质建筑更具有防火灾、耐腐蚀等优点，由此可知，石材的运用是宁远文庙得以完整保存的一个重要因素。

同时，丰富的石材也为文庙中大型的雕刻构件提供了物质条件。宁远青石由于其特殊的材质结构，偏青灰色。青石硬脆，雕刻难度大，但雕刻出来的造型坚硬，不易被毁坏。而且，青石表面有细密的孔，能吸收少量的水分，在气候干燥的时候又再次被解析出来。因故，宁远青石具有"冬天不冻人，夏日送凉爽"的调温功效，这对文庙内的温度起到一定程度的调控作用。也正是由于上述原因，宁远文庙石雕中大都是不可复制的精品，如龙凤石柱群，五龙戏珠丹陛、棂星门石雕、圆雕石狮等。

再次是适宜的气候条件。宁远地区属于大陆性亚热带季风湿润气候，雨量充沛，光照充足。由于气候多雨，在设计建造宁远文庙时，为了便于学生学习和生活，便通过建造回廊的方式把文庙里面几个主要建筑连通起来，这样，师生便可在雨天穿走于文庙各建筑之间，而不被雨水淋湿。如大成殿左右两边的回廊，就可使大成殿直达东庑、西庑、明伦堂、尊经阁等，这也令整个文庙的建筑显得"浑然一体"。还由于多雨水，宁远地区的民俗时常彰显龙的德行，这在宁远文庙的雕塑或者纹饰中多有表现，如龙戏鲤、鲶鱼、河虾、河蟹、乌龟以及各种奇形怪状的鱼等。

此外，还有水文环境。宁远地区山水相间，有山有水的地方是一个充满灵性的地方，文庙中有了水，则多了几分灵动。南方文庙多建有泮池，其既可以用于蓄水，也可充当消防，而泮池还多为活水，这也是宁远文庙在选址时考虑的一个非常重要的原因。

由以上可知，宁远文庙建筑存在于自然生态之中，自然的地形、地质、地貌、气候、日照、水文等生态因子，构成了文庙存在的基础。文庙与自然生态的融合，保障了文庙生存的活力和持续力，是文庙存在的基础条件。

人文生态：文庙存在的灵魂

自然生态是文庙存在的物质基础，而人文生态则是文庙存在的灵魂。这里"人文生态"主要是指人们的思想、文化所构成的文化生态环境，其偏向于思想意识层面。文庙是物质实体，又是精神文化的载体，是人所创造的文化成果的一种体现，也是建立在一定思想文化基础之上并反映着某些思想文化的物化形式。其作为中华传统思想文化的一个物质载体，是人类发展史上人们发挥主观能动性的一个产物，因此会受到各种思想文化的影响，而其中最重要的便是儒家思想文化。此外，地域性文化也影响着文庙的发展。

其一，中原儒家文化的奠基。文庙因儒家思想文化而诞生，其后又承担着传播普及儒学的任务，通过历朝历代"祭孔传儒"不断巩固，文庙的生命力持久不衰。通过宁远文庙建筑实体，我们可一探儒家思想文化的身影。

宁远文庙采用严格的"中轴对称"式布局，文庙建筑中轴线观念和对称观念特别突出。中轴线上为：影壁——泮池——棂星门——大成门——大成殿——崇圣祠。两边对称为：登圣坊、步贤坊，腾蛟门、起凤门，名宦祠、乡贤祠，东庑、西庑，明伦堂、尊经阁。整个建筑由序幕经高潮到尾声，是一个主次分明、秩序井然的整体。

宁远文庙建筑群外围红色的围墙，使宁远文庙成为一个非常规整对称的闭合空间。在文庙空间中，中轴线上建筑屋顶覆盖皆为黄色琉璃瓦，而两边建筑瓦的颜色则为青色。大成殿建于台基之上，其他建筑以大成殿为中心而建，更突出了大成殿的主体中心地位。整体建筑群以乡贤祠——大成门——名宦祠一线为界，分为"前园后院"，"前园"里面种满了松、梅、桔、樟、竹等象征品格高洁的植物，一片郁郁葱葱，似乎在警示古代学子们要成为一个高品德、高气节的人。"后院"则是由回廊连接起来的浑然一体的四合院式的院落空间。由"园"入"院"，其中建筑由少变多、由低变高，殿阁巍峨、金碧辉煌。

文庙建筑本身是作为一种礼制建筑而建造起来的，但"礼制建筑"所包含的却不仅仅是建筑物，而是一个庞大的复合体，几乎包含了古代礼制的各个方面，关涉到文庙建筑的等级、规模，孔子祭祀的仪礼、服饰、器具、乐舞等一整套建筑制度、祭祀制度。其遵循儒家"礼"的规范，有相应的规格要求，而不能逾越。从文庙建筑内容和布局装饰，我们还可见，中正不偏、主次分明、尊卑有序、有理有序、色彩多样等的"礼""序""正""和""中庸""孝"等儒家思想。

其二，舜帝文化的熏陶。舜作为一位传说中的历史人物，在历史的长河中，被不断地演绎与诠释，形成具有丰富内涵的"舜文化"。一方面舜是华夏族的五帝之一，随着华夏文明的确立被视为中华文明的根，以后历代王朝都视华夏文明为正统，包括舜帝在内的华夏五帝成为历代帝王的楷模。舜"践帝位三十九年，南巡狩，崩于苍梧之野，葬于江南九疑"①，因而九嶷山成为历代帝王朝圣之地。明、清两代，各朝均派遣官员到宁远舜庙祭祀，祭祀舜帝便成为定制。随着各朝各代统治者对舜的尊崇和宣扬，被儒家文化视为正统的舜文化在宁远地区的影响也逐步加强，舜文化与宁远文庙文化两相交融。

另一方面，舜是中华正统儒家道德文化的奠基者。《史记·五帝本纪》有"天下明德皆自虞帝始"之说。随着儒学定于一尊，舜文化成为中华道德文化的代表，在儒家经典中，大都有关于舜所倡导、践行的中庸、孝悌、德治等道德文化的记载，可见舜帝作为"道统"传递人的重要一环的地位。据嘉庆十七年《宁远县志》载："自帝舜南巡后，宁远为

①《史记·五帝本纪》。

过化之乡，至今县南九疑山虞陵在焉。"①由于虞舜注重修德，推行德治，使得南方苗蛮民族心悦诚服，舜南巡苍梧而逝，葬于苗蛮之地的九嶷山，应与舜化南国、惠及苗蛮的结果有关。此后，道统意义的舜文化渗透于楚文化中，从而影响了宁远地区的文化，乃至宁远文庙的建筑和发展。

其三，湘楚文化的浸润。据嘉庆十七年《宁远县志》记载：三代时，"宁地属荆州，春秋战国时为楚南境"。宁远地区在先秦时期属于楚国，楚人不断融合中原文化和南方蛮夷文化，创造了既有中原文化的博大精深，又有神秘色彩的湘楚文化。东汉王逸在《楚辞章句》中记载："昔楚国南郢之邑，沅、湘之间，其俗信鬼而好祀。其祠，必作歌乐鼓舞以乐诸神"②，以及"见楚有先王之庙及公卿祠堂，图画天地山川神灵，琦玮僪佹，及古贤圣怪物行事"③。宋代朱熹也在《楚辞集注·九歌第二》中说："昔楚南郢之邑，沅湘之间，其俗信鬼而好祀，其祀必使巫觋作乐歌舞以娱神。"④说明湘楚文化信鬼神、多巫歌巫舞，具有浪漫气质和神秘色彩。在宁远文庙中，可以发现，在雕塑中有很多怪异的图案，图案中龙、凤与禽、兽类身首互换，常见的有龙头配凤身，龙头配鱼身，虎身配凤翅，凤头配麒麟身等，其想象力异常丰富，极具浪漫气息和神秘色彩，另类地表达了人们的美好愿望。这些与北方传统雕塑较强调具象写实的风格有着天壤之别。

此外，儒家文化和湘楚文化相互渗透。湘楚文化推崇神游，儒家文化则强调"礼"。这表现在宁远文庙建筑的装饰上，就是多关于平安祈福、金榜题名之类的题材，如"一路连科""喜得连科""三元及第""连中三元""喜报三元"等纹样。图案装饰多以祥云纹、旋涡纹、变形蟠螭纹、几何纹和飞禽走兽辟邪为主，线条简洁流畅，图纹抽象简骇却又透露

① 嘉庆《宁远县志》卷一《舆地志·沿革》。
②《楚辞章句》，岳麓书社2013年标点本，第54页。
③《楚辞章句》，岳麓书社2013年标点本，第83页。
④《楚辞集注》，中国书店出版社2015年标点本，第55页。

着神秘感，具有古朴飘逸、浑然天成的视觉美。还有一些颇具神奇色彩的民间传说故事，如"蚌仙笑观雄鸡斗蜈蚣""八仙过海"等，既凸显了当时群众生活朴质的情趣，也为儒家文庙增添不少神秘、浪漫的气息。

综上可知，侧重于思想文化意识形态的人文生态，是文庙存在的根本。这使得立足于儒家思想而建造，而后又主要传播儒学的文庙，其旨趣异于道观、佛寺、祠堂等，而成为中华文化的象征和符号。文庙以儒家思想文化为主体，又兼容并包其他合理的地域文化，使得根基愈益牢固、坚实，而得以挺拔、屹立千年。

社会生态：文庙延续的保障

李约瑟在谈及"中国建筑的精神"时指出，中国人在建筑领域是最如实表达着两大理念的：人类不能视为是独立于自然的；人也不能与社会分离。[①]文庙建筑即反映了这两大理念。文庙是人的产物，它既存在于自然环境中，也存在于人类社会中。"社会生态系统是人类社会系统及其环境系统在特定时空的有机结合。"[②]包含社会经济、政治等因素的社会生态，影响着文庙的存续和发展。

基于对儒学的推崇和教育的重视，以地方政府或民间势力为主导的力量非常重视文庙的修建。宁远文庙自创建后，由于自然或人为的破坏，经历了多次整修，据嘉庆十七年《宁远县志》记载的整修有十多次，第一次有记载的整修是"明洪武二年（1369年），知县朱公庆复鼎建于旧址，赐赡学田，粮六百石"。清代最后一次大修"经始于清同治十二年（1873年），落成于光绪八年（1882年），费银凡六万有奇"。该资金由县人黄习溶捐纳。据记载，黄因军功被朝廷

① [英]李约瑟：《中国科学技术史》第4卷第3分册，科学出版社2008年版，第64页。
② 叶峻：《自然生态、社会生态与社会生态学——兼议"生态系人"的特点和品质》，载《贵州社会科学》1998年第4期。

授四品顶戴，为振兴人文，捐银倡修文庙，筹集白银六万余两，历十个冬春，竣工后成为当时"湖湘之最大"文庙。

中华人民共和国成立后，湖南省人民政府于1959年、1973年、1983年先后三次宣布宁远文庙为省级重点文物保护单位，并拨款整修。到1996年11月国务院正式将宁远文庙列为第四批全国重点文物保护单位，维修、保护经费定期拨付下来，保障了文庙的正常运营。正如生态学研究者叶峻所说："人类与其环境所组成的生态系统或生态关系，既表现为自然的生态，也表现为社会的生态，或者说它既有自然生态属性，也有社会生态属性和经济生态属性。"①从宁远文庙的发展历程来看，社会经济生态属性表现明显，经济的支持，是文庙延续的重要保障。

社会政治生态因素所起的支柱作用就更显而易见。文庙在中国历史上得以绵延不衰并且能够不断壮大，最大的保障是其与政治结缘。自汉武帝"罢黜百家，独尊儒术"之后，儒家思想学说从学术层面一跃而成为官方推崇的信仰哲学，文庙与其所基于的儒家思想学说从此与中国的政治共盛衰、共荣辱，被历代政治集团所尊崇，使文庙显出了超强的活力和生命力。在此背景下，历代各地文庙得以修建、重建、加建，以至明清时期，文庙遍及全国各府、州、县。文庙与社会政治生态的良性互动，使文庙的发展最终达到全盛时期。

政治因素亦能导致文庙的衰败。民国时期，由于政局的不稳定和政策的不连贯性，全国各地很多文庙均被挪作他用，宁远文庙也一度如此。"中华民国元年，设临时县议会，悉将旧学校撤毁。启圣祠改建为正副议长室。大成殿改建为议场。名宦、乡贤祠改建为图书室，又于其前建新舍，凡为屋四重，制仿泰西建筑之式。无复夏屋，渠渠之观矣。

① 叶峻：《关于人类社会的生态系统分析》，载《烟台大学学报（哲学社会科学版）》2004年第2期。

东庑与教谕署、杂舍则改建为楼以居议员。西庑改建为廊房，置庖湢仆役之室。""入中华民国，明伦堂改为中山纪念堂。"[①]1926年，大革命风起云涌，文庙被征用作为县工农运动的中心，即农会、工会的办公地点。其后不久，当地政府又在庙内先后举办了平民女子习艺工厂和县立女子高等小学等教育机构。1927年，宁远县政府搬入文庙办公。"自县政府迁入后，以议场为办公厅，图书室为司法处。"[②]1937年，抗战全面爆发，由于长沙不断遭受日寇侵犯，湖南私立育群中学（现长沙市八中前身）迁至宁远，以文庙为校舍继续办学。1939年，增祀抗战阵亡将士，立祠其中。新中国成立初期，文庙又被用作粮仓，后来鉴于文庙被列为省级文物保护单位，粮仓才在1959年从文庙迁出。"文革"时期，文庙所经受的磨难更大，1966年，文庙在"破四旧"运动中首当其冲，遭到人为破坏，被砸毁的精美石雕达48处。1967年，宁远县文化系统"造反派"为紧跟"大好形势"，在墙上绘制了巨幅毛主席像，并将两侧厢房改作展示革命成果的大厅，文庙的广场内也立满了水泥预制板语录牌。"革命群众"还用胶合板封上大成门的浮钉，再写上毛主席的诗词，甚至拆除了大成殿的孔子神龛和皇帝题匾，更换成毛主席的历史照片。更进一步，一尊三米多高的毛泽东像被立在大成门内，文庙亦被改名为"毛泽东同志光辉形象敬仰馆"。历史的吊诡之处在于，文庙竟因祸得福得以保存。

新中国成立后尤其是新时期以来，由于政府的高度重视，文庙的保护、开发和利用也迎来了历史最好的契机，故各地文庙建设日渐兴隆。宁远文庙也正是在这样的条件下，得到了更为合理的保护和利用，现在已然成为宁远最大的文教基地和人文旅游景点，再次对当地的文教事业甚至旅游业

① 民国《宁远县志》卷第三《建置》。
② 民国《宁远县志》卷第三《建置》。

的发展起到推动作用。可见，文庙存在、发展和兴衰是深受政治生态影响的。政府重视文教事业，文庙则会发展；反之，文庙的发展则会受到制约、破坏。

文庙生态的当代启示

正所谓察古知今，察往知来。通过对宁远文庙生态的考察分析，我们能获得什么启示呢？

应重视教育场所的自然生态环境的规划布置

在古代，文庙作为礼制性的学校教化空间，不论是统治者、文人士子，还是普通老百姓，大都重视文庙所在的自然生态环境，并信仰相同的选址、布局、装饰哲学。人们相信"地灵"与"人杰"相辅相成，所以"兴地脉"与"焕人文"被人为地联系起来，主导了文庙教化空间形成的自然基础。"宋以后往往将地方科举的兴盛与否归咎于孔庙选址，为振兴'文运'，常'人谋龟筮'、'考诸阴阳家者之说'另择吉地。"[1]择风水和谐之吉地，居城池布局之中心，借城中河湖之活水，寄山体笔架之神运，占仁山智水之胜境，这些成为文庙良好自然生态环境的首选。[2]

如前所述，宁远文庙的变迁史就是深受环境因素的影响。这座文庙在历史上经历多次重修，每次修葺都会对文庙所处的山水环境进行考察和选择。

从生态学的视角看，古代教育场所大都注重与自然生态环境的融合，规划布局场所的物理环境，必然存在一定的合理性。教育场所的物理环境是"一种静态的、具体的物质存在形式，构成了学生在校期间的学习和生活基地"[3]，包括教

① 沈旸：《东方儒光：中国古代城市孔庙研究》，东南大学出版社2015年版，第185页。
② 彭蓉：《中国孔庙建筑与环境》，中州古籍出版社2011年版，第48—57页。
③ 李晶、吕立杰：《环境社会学视角下学校物理环境的构建》，载《教育理论与实践》2015年第34期。

育场所所在地理位置的地形地貌、气象气候、日照水文、自然植被等，还包括场所内部教学设施、建筑的布局组合安排等。

应重视教育场所的人文生态环境的塑造

习近平总书记在十九大报告中指出："文化是一个国家、一个民族的灵魂。文化兴国运兴，文化强民族强。没有高度的文化自信，没有文化的繁荣兴盛，就没有中华民族伟大复兴。" 文化的繁荣需要德才兼备、志向远大的人才，而培养人才是教育工作者的首要职责，新时代赋予教育以更大的使命。因此，教育不只是传授知识和技能，还应注重历史、文化以及本民族优良精神的传播。基于此，塑造教育场所良好的人文生态环境，是新时代对教育发展提出的时代要求。

在古代社会，强大的政治力量是文庙得以发展的根本保障，在独尊儒术正统思想的作用下，文庙承担着传播儒学的使命。同时，儒家文化也对文庙产生了深厚的影响。侧重于思想文化意识形态的儒家思想，早已融入文庙，成为文庙生态的精髓。

文庙作为古代教育场所，既"教"儒经，也"化"儒学，"教学空间"与"祭祀空间"并存。大到建筑的序列组合所体现出的"中""正""和""孝"等儒家思想，小到门庭楼阁的题字题名（如"礼门""义路""登圣坊""步贤坊""德配天地""道冠古今""大成""乡贤""名宦""明伦""尊经""崇圣"等等），植被花草选择的意蕴（宁远文庙"前园"里面种满了松、梅、桔、樟、竹等象征品格高洁的植物，用以警示古代学子们要成为一个高品德、高节气的人），都将文化教育寓于其中，处处体现着儒家文化的气息。特别是文庙"祭祀空间"的存在，供奉着孔子及其弟子，以及历代对儒学发展有重大贡献的先贤先儒们，后还有乡贤、名宦等，并定期举行祭祀礼仪活动。作为一个完整的文庙"礼制建筑"，其几乎包含了古代礼制的各个方面，关涉到文庙建筑的等级、规模，祭祀的仪礼、服饰、器具、乐舞等，是一个庞大的复合体，是一整套建筑制度、祭祀制度等，这些都遵循着儒家思想"礼"的规范。

先秦儒家主张"人皆可以为尧舜"，圣贤可学而至。学子入学即可见供奉的圣贤人物，见其人，知其所。学习目标具象化，同时，在潜移默化中受圣贤人物学识、人格的影响，而渐渐树立远大的人生志向。周敦颐说："圣希天，贤希圣，士希贤。"①"希圣希贤"成为广大读书人的志向。"经师""人师"都立于学习所在的庙堂，对其进行的模范、立志教育，文化传承教育，尊师重道教育等等。这些说明古代传统教育并非纯粹的书本知识教育，还有立志、人格、道德、信仰、尊师重道、文化传承等的教育。

当前学校教学空间占据主导地位，教育也偏重书本知识的传授，对于培养学生的人格、德行、信仰、志向等精神方面，缺乏专门的引导空间，缺乏能够体现中国民族文化根本的氛围。在当代多元文化价值体系下，学校教化空间若借鉴"庙学"制，可把范围扩大到凡是对中华文化有大贡献者，对地方文化有大贡献者，建博物馆、先贤馆于校园，不仅使传统文化在校园得以传承体现，还可以此激励学生的景仰趋近之行。

应重视教育场所与社会生态环境的良性互动

文庙之所以能够产生、发展和延续，主要得益于政权的庇护。自儒家思想成为官方推崇的信仰哲学后，文庙就被历

---

① [宋] 周敦颐：《周敦颐集》卷二《志学第十》，陈克明点校，第2版，中华书局2009年版，第22页。

代统治集团所尊崇，彰显出超强的生命力和活力。古代文庙的教育和祭祀活动以及与文庙相关的政策，基本都由官方统一制定、颁布。例如，培养目标、招生数额、师资引进、考核升迁、办学经费、建筑修缮、学田、祭祀学礼等，这些制度保障了文庙教育的发展，保障了统治者对人才的需求。这种源自国家层面的支持，促成文庙与社会政治经济的良性互动，是文庙教育发展良好的制度环境，保障了文庙的教育环境和所培养人才的质量。所以，国家兴则文庙兴，政治权力与教育强势结缘，可以从政治、经济制度上保障文庙的发展。

同样，政权的衰败和儒家治国思想的动摇，也会在文庙的发展中反映出来。宁远文庙的辉煌阶段正是中央王朝发展的鼎盛时期，文庙的破败则处在王朝的衰败期。晚清以降，国力衰微，内忧外患，加上20世纪初期科举制度被废除，包括宁远文庙在内的全国文庙也日渐式微，文庙的教育教学功能逐渐被新式学校所取代。

总之，新时代的文庙虽然已基本失去了其原有的功能，但作为重要的儒家文化遗产[①]，依旧被视为中国传统文化的符号象征，其影响力不容忽视。为"建设社会主义文化强国，增强国家文化软实力"，文庙的价值已经受到国家的重视。[②]在学术理论研究方面，文庙及其相关研究也日渐升温，进而出现了"文庙学"的提法，试图使"文庙"同"书院"一样也发展成为一个专门的研究领域。"文庙学"是指以文庙及与文庙相关的教育文化设施、制度、理论和活动为研究对象的专门"学问"，是值得深入探究的新兴"学问"。[③]在这样的大环境下，有理由相信随着文庙研究的深入，还可以发掘出更多值得新时代教育借鉴的经验与价值。

① 2016年7月26日，国家文物局下发《关于开展文庙、书院等儒家文化遗产基本情况调查的通知》（文物保函〔2016〕1333号）中明确指出："以文庙、书院等文物为代表的儒家文化遗产，是中华优秀传统文化的珍贵物质载体，也是我国独具特色的文物类型。"

② 2017年1月25日，中共中央办公厅、国务院办公厅印发的《关于实施中华优秀传统文化传承发展工程的意见》，这是中国共产党第一次以党中央文件的形式来全面部署传统文化的传承发展工作。

③ 周洪宇、赵国权：《文庙学：一门值得深入探究的新兴"学问"》，载《江汉论坛》2016年第5期。

03>

宁远文庙的
祀制及礼仪

文庙祭祀等级：多为『小祀』

文庙祭祀名目：隆重释奠

文庙祭祀对象：主祀孔子

文庙祭祀物品：『祭品』与『礼器』齐备

文庙祭祀乐舞：礼乐歌舞融于一体

文庙祭祀服饰：祭服整齐划一

文庙祭祀仪式：高度程式化

教士必先建学，重道所以尊师。如汉代蜀地郡守文翁兴学，践行"凡始立学者，必释奠于先圣先师"。文庙不仅开展儒学教学活动，而且还定期举行祭祀活动。清末，文庙的儒学教育功能渐衰，甚至名存实亡，而文庙的祭祀功能还依然延续，可见文庙祭祀之重要地位。在古代，历朝历代对文庙的祭祀制度非常重视，因而对文庙祭祀的等级、祭祀的名目、祭祀的对象、祭祀的礼仪以及使用的祭品、音乐、舞蹈、服饰等都有相关的规定。历代《宁远县志》都有关于文庙祭祀的相关记载。依据县志、府志以及其他文献关于文庙祭祀制度的记载，我们可窥见历史上宁远文庙的祀制及礼仪。

文庙祭祀等级：
多为『小祀』

在古代，国家祀典按受祭者的功劳大小分为大祀、中祀、小祀三个等级。大祀是国家最隆重的祭祀，如祭祀天地、宗庙等；中祀的礼仪隆重程度次之，如祭祀日月星辰、社稷、五岳等；小祀也叫群祀，如祭祀司中、司命、风伯、雨师、诸星、山林、川泽等。

文庙释奠在国家祭祀中以中祀为常态，可是就其分布与影响而言，已远远超越其他祭祀。国家大祀如祭天地、宗庙等，属皇帝特权，分布、传播范围有限。而文庙释奠孔子，遍及全国，上至皇帝、下到百姓，受众之广，影响之大，几无企及。所以，宁远虽处偏乡之地，文庙祭祀活动亦不曾怠慢。

祭祀孔子的等级可追溯至汉高祖十二年（前195年），刘邦经过鲁国，专程至曲阜以太牢祭祀孔子，即用牲牛、羊、猪各一祭祀孔子。而古代祭祀天、地、太一皆用太牢，可见当时祭祀孔子的级别之高，祭孔犹如祭天。其后，皇帝或是太子，不论是亲自祭祀还是遣官致祭辟雍，都是以太牢祭祀。

古代祭祀等级一般是稳定的，偶尔会出现上升或下降的变化。祭祀孔子之释奠礼，在历史上大部分时期为中祀。其中，在南宋高宗绍兴十年（1140年）、明宪宗成化十二年（1476年）、清光绪三十二年（1906年）时短期升为大祀。同时，祭祀等级还会因为行政级别的高低而有所不同，中央官学释奠等级较地方官学释奠等级略高。一般中央官学释奠若为大祀，则州县学释奠为中祀；中央官学释奠若为中祀，则州县学释奠为小祀。

唐朝时，国子监祭祀级别为中祀，州县文庙释奠则为小祀。北宋建隆三年（962年）诏，祭祀文宣王用一品礼，庙门立十六戟，为中祀。宁远文庙建于北宋乾德三年（965年），为县学文庙，是为小祀。北宋崇宁四年（1105年），文宣王神像冕用十二旒，服九章，绘图颁之天下郡邑，其执圭、立戟并于王者制度。孔子级别较宋初有所提高，孔子冠冕也改为天子冠冕，庙门立戟提高为二十四戟，但是祭祀等级没变，仍为中祀。南宋绍兴十年（1140年），将京师国子监文宣王庙祭祀升为大祀，笾豆增加为十二，但州县学仍为中祀。

明代洪武元年（1368年）诏，以太牢祀孔子于国学，仍遣官诣阙里祭告。洪武十五年（1382年）诏，天下通祀孔子，并颁释奠仪注，孔子以下去塑像易木主，更定乐章，舞六佾。洪武二十六年（1393年），颁大成乐器于天下府学，令州县学准其式。明成化十二年（1476年），增孔子庙乐舞为八佾，笾豆各十二，祭祀级别升为大祀。明嘉靖九年（1530年），更正孔子庙典，于孔子神位题"至圣先师孔子"，去其王号及"大成至圣文宣王"之称，改大成殿为先师庙，大成门为庙门。春秋祭祀，遵国初旧制中央官学为十笾十豆，州县学为八笾八豆，乐舞止六佾，其他从祀贤儒略，有更改遂永为定式，文庙释奠又恢复为中祀。

清光绪三十二年（1906年）诏，升孔子为大祀，礼部议大祀典礼二十三事。1928年，国民政府大学院长蔡元培以院令废孔子祀。1942年以阳历八月二十七日为孔子诞节祀。

在古代，宁远文庙所处行政级别为县级，其祭祀等级多为小祀。在现代，孔子祭祀活动偶有举行。2002年9月28日，在宁远文庙举行了湖南省首届公祭孔子大典，由湖南省人民政府副省长唐之享主祭，参加活动的社会各界代表6000余人。

　　根据设祭目的、设祭时间、礼仪繁简程度的不同，祭孔名目众多，如释奠、释菜、释褐、行香、幸鲁、遣官致祭、祭告等。有的名目自古传来，如释奠、释菜等；有的后世才兴起，如行香、献功等。有的定期举行，如春秋仲月释奠、朔望行香等；有的因事设礼，如皇帝登基、追封孔子、祀典变更、文庙竣工、平定叛乱、祈求丰年等都遣官至文庙祭告。多样化的祭孔名目，反映了国家对孔子及其思想的崇敬。作为地方县学的宁远文庙，与中央官学国子监、曲阜孔庙的祭祀名目相比，没有那么繁杂，因事设礼的情况较少。其祭祀名目主要有定期的释奠、释菜和行香。

释奠

　　释奠本为古代的祭祀典礼，后发展成为专属于学校的祭孔之礼。"释"与"奠"皆有"放"的意思，指在牌位前放置祭品。释奠礼相较于祭祖礼简略，没有迎尸、送尸之类。

郑玄称："释奠者，设荐馔酌奠而已，无迎尸以下之事。"[①]《辞海》中词条"释奠"指"设馔爵以祭先圣先师也"，"有牲币，有合乐，有献酬"。[②]最早见于《礼记·文王世子》："凡学，春官释奠于其先师，秋、冬亦如之。凡始立学者，必释奠于先圣先师。"[③]唐代初期以前，文庙定期的释奠礼每年有四次，分别在夏历二、五、八、十一月的第一个上丁日举行。北齐显祖制春秋二仲释奠，是为祀孔用春秋二仲之始。但直到唐代开元十一年（723年）才真正将"四时祭祀"改为"春秋仲月上丁释奠"，并确定下来。此后，世代沿袭。释奠从此也成为固定的祭孔之礼，又被称为"丁祭"。

非定期释奠的释奠者主要是皇帝、皇太子或是遣官，主要在讲通儒经后举行。皇帝亲自释奠的历史始于东晋咸康三年（337年），成帝因讲通《诗经》亲自到太学释奠。西晋武帝泰始七年（271年）开始，皇太子因讲通《孝经》《诗经》《礼记》《论语》等，亲自到太学释奠。遣官致祭则可追溯到更早时期。魏正始二年（241年）二月，齐王曹芳因讲通《论语》，派太常以太牢祭祀孔子，后讲通《尚书》《礼记》也都派太常以太牢致祭。

释奠作为文庙最高级别的祭祀活动，从中央到地方都非常重视。唐代以前，释奠主祭者主要是各学学官，参加者主要是学生。唐代开始将释奠纳入国家政教行为范畴，献事全部由品官担任。国学都是学官以皇帝的名义致祭，地方官学则以地方最高行政长官主祭。

宁远文庙为县学文庙，释奠以地方最高行政长官（县令）为正献，副职及属官为两庑分献，崇圣祠由教谕正献。行三献礼，县令为初献，县丞为亚献，因为博士没有品秩，所以以主簿或县尉为终献。清朝康熙四十九年（1710年），

①《礼记正义》，上海古籍出版社2008年标点本，第836页。
② 舒新城等主编：《辞海》，中华书局1981年版，第2929页。
③《礼记》，岳麓书社2006年标点本，第310页。

制二丁致祭，同城武官一体行礼，即规定文庙举行释奠礼时，同城大小武官也应一体到文庙行礼。

地方文庙释奠不比国学释奠有专官专员负责安排和专项的费用支持，因此会出现草率违背礼制的行为，如祭品祭器缺损不全、仪注错谬、行礼不严等情况。

"古者释奠必于学"至清末民初时则"学校不行此礼"，中华民国十七年（1928年），国民政府大学院长蔡元培以院令废孔子祀。[1]至此，文庙释奠礼退出历史的舞台。

释菜

释菜，亦作舍采。以芹藻为祭品，是古代学校的祭祀名目之一。《辞海》中词条"释菜"指"以蘋蘩之属礼先师也"[2]。《礼记·月令》中"上丁，命乐正习舞，释菜"[3]，是较早关于释菜的记载。

释菜较释奠简略。如郑玄指出"释菜礼轻"，孔颖达说："释菜惟释苹藻而已，无牲牢，无币帛。"可知释菜礼祭品没有释奠礼丰盛，行礼时也不用乐。

明洪武十七年（1384年）规定，每月朔望祭酒以下行释菜礼，郡县长以下诣学行香。清顺治元年（1644年）规定，各级学校文庙每月朔释菜。清代释菜礼只有芹、枣、栗三种祭品，置于豆内，祭祀时上香献爵。县学文庙每月朔日（初一）行释菜礼，以教谕、训导等学官行礼。

行香

行香礼用于文庙，较释菜礼晚，而且更为简单，只上香

① 民国《宁远县志》卷第六《祠祀下》。

② 舒新城等主编：《辞海》，中华书局1981年版，第2929页。

③《礼记》，岳麓书社2006年标点本，第291页。

祭拜，不献爵摆馔。

行香原是礼佛的一种形式，是法会仪式之一，在于表达对佛陀的尊敬、感激与怀念。文庙中行香拜谒孔子等贤儒，旨在表达对圣贤的崇敬和怀念之情。行香礼一般在每月的初一或十五，在校师生皆要到文庙例行拜祭先师孔子。

明洪武十七年（1384年），令郡县长官每月朔望诣学行香，也即每月初一和十五两次去文庙上香。清顺治元年（1644年）又规定：行香不设祭品，只上香行礼即可。宁远文庙按照规定，一般于每月朔望，由教谕、训导等学官上香行礼。

宁远文庙是一所地方官办学校，其受祀对象的确定严格遵循着中央王朝统一制度的规定，与其他各地官办学校所奉祀的主要人物一致，不可自行其是抑或是僭越，更不会因为是低一级的文庙就会减少奉祀对象。宁远文庙受祀人物有一百多位，受祀人物众多，几经流变，有主祀孔子，其他可称为配祀，主要有孔子弟子和历代儒学大家，具体可称作四配、十二哲、先贤、先儒。后来还有普建崇圣祠以追祀孔子的先祖，以及明朝创设的具有地方特色的袝祀当地名宦、乡贤。文庙中庞大的受祀对象是历代及当代圣贤的代表，他们时时激励着学子们以圣贤标准来要求自己。

主祀——孔子

学校以孔子为主祀，历经了一个演变的过程。因为文庙并不是一开始就以孔子为主祀，在东汉前期还以先师配享周公。据学者考证，东汉后期孔子成为文庙的主祀，一直延续到唐初。直到唐高宗显庆二年（657年），孔子在文庙的主祀地位最终确定下来。① 宁远文庙始创于唐代，具体年代不可考，今天我们已不可知宁远文庙在始创阶段是否也经历了主祀人物的变动。随县城迁建的宁远文庙，建于宋乾德三年（965年），这一时期可明确主祀为孔子一人。

孔子谥号的演变②

春秋鲁哀公十六年（前479年）	尼父③
西汉平帝元始元年（1年）	褒成宣尼公
北魏孝文帝太和十六年（492年）	文圣尼父
北周静帝大象二年（580年）	邹国公
隋文帝开皇元年（581年）	先师尼父
唐太宗贞观二年（628年）	先圣
唐太宗贞观十一年（637年）	宣父
唐高宗显庆二年（657年）	先圣
唐高宗乾封元年（666年）	太师
武则天天授元年（690年）	隆道公
唐玄宗开元二十七年（739年）	文宣王
宋真宗大中祥符元年（1008年）	玄圣文宣王
宋真宗大中祥符五年（1012年）	至圣文宣王
元武宗大德十一年（1307年）	大成至圣文宣王
明嘉靖九年（1530年）	至圣先师（取消王号，撤塑像，易以木主）
清顺治二年（1645年）	大成至圣文宣先师
清顺治十四年（1657年）	至圣先师
民国年间	大成至圣先师

① 孔祥林等：《世界孔子庙研究》（上），中央编译出版社2011年版，第282页。
② 民国《宁远县志》卷第六《祠祀下》；孔祥林等：《世界孔子庙研究》（上），中央编译出版社2011年版，第290页；南京工学院建筑系与曲阜文物管理委员会编：《曲阜孔庙建筑》，中国建筑工业出版社1987年版，第427页。
③《左传·哀公十六年》："旻天不吊，不慭遗一老。俾屏余一人以在位，茕茕余在疚。呜呼哀哉！尼父，无自律。"

文庙孔子像变迁

孔子时代并没有像现代一样的摄像技术，所以今人无法一睹圣人的容貌。《论语·述而》记载，有"子温而厉，威而不猛，恭而安"；《史记·孔子世家》记载，有"生而首上圩顶"，"孔子长九尺有六寸，人皆谓之'长人'而异之"，"其颡似尧，其项类皋陶，其肩类子产，然自腰以下不及禹三寸，累累若丧家之狗"。根据这些关于孔子相貌的描述，后人也只能得出一些模糊的轮廓甚至是怪相。因此，后人只能通过悬想来塑造孔子像，以便追思祭拜孔子，同时也留下了丰富多彩的孔子形象。

现宁远文庙大成殿内正中安放着孔子像，并在孔子像前树立了木主牌位，上面写着"大成至圣先师孔子之神位"。1989年，宁远县人民政府拨款1万元，重塑了孔子像。2014年

宁远文庙大成殿内孔子塑像（文庙工作人员拍摄）

泥塑的孔子像换成了铜质的孔子像。宁远文庙里面的孔子像也是标准的孔子形象之一，孔子不执圭，左手执右手，来源于唐代吴道子所画的《孔子行教像》，这是现在流行较广的孔子像。

孔子像最初是绘画而成的画像，多地出土的汉画像石上保存了孔子与老子会见的画像，后文庙中运用塑像崇祀孔子。唐玄宗开元二十七年（739年），追谥孔子为"文宣王"，开始对孔子像进行盛饰，以"王者衮冕之服以衣之"。宋、元、明初孔子像沿袭了王者服制，冕从九旒升级到十二旒，服九章升级到了十二章。直到明嘉靖九年（1530年），改称孔子为"至圣先师"，取消王号，撤塑像和王者服制，易以木主。可是，在实际执行的过程中，因为地域辽阔，禁令也没有强制地整齐划一地执行，所以很多文庙已有的塑像并没有被拆除，塑像与木主在现实的文庙世界并存。但是此后新建的文庙，供奉的就只是孔子的木主了。这样的情况一直延续到清代。

孔子的塑像都是工匠们创造出来的，每一个工匠创造的孔子像都不一样，甚至同一个工匠在不同时间段创造的孔子塑像也不一样。孔子像的失真也是孔子像最终在明朝嘉靖时被木主替代的原因之一。早在宋朝就有人反对设孔子像祭祀孔子，程颐如是说："大凡影不可用祭，若用影祭，须无一毫差方可，若多一茎须，便是别人。"[1]还有苏轼、朱熹之类也表示设像祭不合时宜。明宋濂曰："古者造木主以栖神，天子、诸侯之庙皆有主。大夫束帛以依神，士结茅为蕝，无设像之事。"明丘濬曰："《北史》有造铜人、泥人之律，则泥人固非礼法所许，况祀圣人邪！且后世郡邑丰瘠异貌，老少殊状，无当于圣容！则木主之制为近古矣。"[2]

[1]《二程遗书》卷第二十二上。
[2] 嘉庆《宁远县志》卷四《学校志》。

到了明朝朱元璋时期，改革像祭迈出了第一步，洪武十五年（1382年），南京新太学建成，因凡学必有庙，洪武帝毅然决定"去塑像，设木主"于其中。在"废像设主"的改革中，洪武帝表现出了一个改革开拓者的勇气，其后继者嘉靖皇帝继承其做法，最终通令全国毁像立主。

木主替代了孔子塑像后，中央王朝对木主的尺寸大小也作了统一的规定。明朝洪武时期规定：大成文宣王木主长三尺三寸五分，连上云下座，共五尺二寸。阔七寸，连左右云，共一尺一寸五分。明朝嘉靖时期规定：至圣先师木主高二尺三寸七分，阔四寸，厚七分；座高四寸，长七寸，厚三寸四分。

清王朝规定：木主高二尺五寸五分，广六寸五分，厚一寸。小座高四寸五分，大座高一尺四寸五分。龛二重，内龛连座高九尺四寸，广六尺，深三尺七寸，外龛高一丈七尺四寸，广一丈五尺六寸，深八尺一寸。二龛安放在黄琉璃大座上，座高三尺，广一丈七尺二寸，深九尺七寸。木主为朱底金字，上题"至圣先师孔子神位"。

孔子坐向

今宁远文庙大成殿内孔子塑像与木主并存，居中放置，坐北面南。

孔子坐北面南是最常见的坐向，但孔子南面并不是一开始就形成的。唐中期以前，孔子奉祀的位置一直是坐西面东的，当时以面东为尊。[1]唐高祖武德时，以周公为"先圣"，南面坐；孔子为"先师"，西牖坐。贞观二年（628年），升孔子为"先圣"，停祀周公，而孔子坐仍其旧。唐开元二十七年（739年），始正南面，是后因之。[2]开元二十七年

① 孔祥林等：《世界孔子庙研究》（上），中央编译出版社2011年版，第291页。
② 康熙《永州府志》卷七《学校志》。

（739年），追谥孔子为"文宣王"，且坐向改为居中面南，从此一直延续下来，未有改变。

御制先师孔子赞[①]

康熙二十五年，制先师孔子赞。

盖自三才建而天地不居其功，一中传而圣人代宣其蕴。有行道之圣，得位以绥猷；有明道之圣，立言以垂宪。此正学所以常明，人心所以不泯也。粤稽往绪，仰溯前徽，尧舜禹汤文武，达而在上，兼君师之寄，行道之圣人也。孔子不得位，穷而在下，秉删述之权，明道之圣人也。行道者，勋业炳于一朝；明道者，教思周于百世。尧舜禹汤文武之后，不有孔子，则学术纷淆，仁义湮塞，斯道之失传也久矣。后之人而欲探二帝三王之心法，以为治国平天下之准，其奚所取衷焉？然则，先子之为万古一人也，审矣！

朕巡省东国，谒祀阙里，景企滋深，敬摛笔而为之赞曰：

> 清浊有气，刚柔有质。圣人参之，人极以立。
> 行著习察，舍道莫由。惟皇建极，惟后绥猷。
> 作君作师，垂统万古。曰惟尧舜，禹汤文武。
> 五百余岁，至圣挺生。声金振玉，集厥大成。
> 序书删诗，定礼正乐。既穷象系，亦严笔削。
> 上绍往绪，下示来型。道不终晦，秩然大经。
> 百家纷纭，殊途异趣。日月无逾，羹墙可晤。
> 孔子之道，惟中与庸。此心此理，千圣所同。
> 孔子之德，仁义中正。秉彝之好，根本天性。
> 庶几夙夜，勖哉令图。溯源洙泗，景躅唐虞。
> 载历庭除，式观礼器。摛毫仰赞，心焉愧企。

----

① 嘉庆《宁远县志》卷之四《学校志·御制赞》。

百世而上，以圣为归；百世而下，以圣为师。

非师夫子，惟师于道。统天御世，惟道为宝。

泰山岩岩，东海泱泱。墙高万仞，夫子之堂。

孰窥其藩，孰窥其径。道不远人，克念作圣。

配享——四配

　　配享是配祀的第一等级，因为文庙内四人配享后成为定制，因此称为四配。今宁远文庙四配奉祀在大成殿内，孔子像前东西相对。东配为颜回、子思；西配为曾参、孟轲。四配按地位排列依次是颜子、曾子、子思子、孟子。

　　颜回（前521—前481），字子渊，尊称颜子，春秋末期鲁国人。14岁拜孔子为师，谦逊好学，极富学问，以德行著称，位列七十二弟子之首，是孔子最得意的弟子。孔子对他称赞最多，赞其好学、仁人。颜回生前最得孔子钟爱，身后也最早陪祀孔子左右。《三国志》载："二年春二月，帝初通

宁远文庙大成殿内东配位置

宁远文庙大成殿内西配位置

宁远文庙大成殿内颜子塑像及神位

宁远文庙大成殿内曾子塑像及神位

论语，使太常以太牢祭孔子于辟雍，以颜渊配。"[1]据此可知，颜回作为配享最早是三国魏正始二年（241年），齐王曹芳祭祀孔子以颜回配享。相传颜回在汉朝就已经配享孔子。汉高祖十二年（前195年），东巡狩，过鲁，以太牢祀孔子，以颜子配享，历代因之。明嘉靖九年（1530年），改称"复圣颜子"，列东配第一位。康熙二十八年（1689年）《御制四贤赞》中提到："圣道早闻，天资独粹。博文约礼，不迁不贰。一善服膺，万德来萃。能化而齐，其乐一致。礼乐四代，治法兼备。用行舍藏，王佐之器。"[2]

曾参（前505—前435），字子舆，尊称曾子，春秋末年鲁国南武城（今山东嘉祥县）人。16岁拜孔子为师，勤奋好学，以孝著称，颇得孔子真传，孔子临终将其孙（孔鲤之遗孤）子思托付于他，子思以他为师，又再传授于孟子。所以，曾参上承孔子之道，下启"思孟学派"，继承发展了孔子的儒家思想，在儒家文化的传承中起到了承上启下的作用。相传著有《大学》。南宋咸淳三年（1267年），加入配享之位。明嘉靖九年（1530年），改称"宗圣曾子"，列西

① 《三国志·魏书·齐王芳》。
② 嘉庆《宁远县志》卷之四《学校志·御制赞》。

宁远文庙大成殿内子思子塑像及神位

宁远文庙大成殿内孟子塑像及神位

配第一位。康熙赞："洙泗之传，鲁以得之。一贯而唯，圣学在兹。明德新民，止善为期。格至诚正，均平以推。至德要道，百行所基。纂承统绪，修明训辞。"①

孔伋（前483—前402），字子思，尊称子思子，鲁国人，孔子之孙、孔鲤之子。孔子临终将其托付于曾参，后以曾参为师，孟子是其再传弟子。战国时期著名的思想家，儒家的主要代表人物之一。《史记·孔子世家》载："孔子生鲤，字伯鱼。伯鱼生伋，字子思"；"尝困于宋，子思作《中庸》"。南宋咸淳三年（1267年），与曾参一起位列配享之位，文庙四配格局始确立。嘉靖九年，改称"述圣子思子"，列东配第二位。康熙赞："於穆天命，道之大原。静养动察，庸德庸言。以育万物，以赞乾坤。九经三重，大法是存。笃恭慎独，成德之门。卷之藏密，扩大无垠。"②

孟轲（约前372—约前289），字子舆，尊称孟子，邹人。他是孔子之孙孔伋的再传弟子，是战国时期伟大的思想家、教育家，儒家学派的代表人物，与孔子并称"孔孟"。后世追封孟子为"亚圣公""亚圣"，其弟子及再传弟子将

---

① 嘉庆《宁远县志》卷之四《学校志·御制赞》。
② 嘉庆《宁远县志》卷之四《学校志·御制赞》。

孟子的言行记录成《孟子》一书。宋元丰七年（1084年），晋升配享，居颜回之次。明嘉靖九年（1530年）十月，改称亚圣孟子，列西配第二位。康熙赞："哲人既萎，杨墨昌炽。子舆辟之，曰仁曰义。性善独阐，知言养气。道称尧舜，学屏功利。煌煌七篇，并垂六艺。孔学攸传，禹功作配。"①

四配的封号很多，历经各朝各代的封赠，到元朝至顺元年（1330年），加封颜回为兖国复圣公、曾参为郕国宗圣公、孔伋为沂国述圣公、孟轲为邹国亚圣公。四配称号等级相当。明朝嘉靖九年（1530年），下令取消孔子王号，随之文庙供奉人物封号也取消了，四配称呼分别改为：复圣颜子、宗圣曾子、述圣子思子、亚圣孟子。

明代洪武制，四配木主各长一尺九寸五分，连上云下座共三尺，阔五寸，连左右云共一尺一寸，嘉靖改各高一尺五寸，阔三寸二分，厚五分，座高四寸，长六寸，厚二寸八分，赤地墨书。启圣公神主与四配同。

今宁远文庙大成殿内，四配分列孔子像前左右两边，分别有塑像，在塑像前立木主，分别写着："复圣颜子之神位""宗圣曾子之神位""述圣子思子之神位""亚圣孟子之神位"。

从祀——十二哲

十二哲是文庙内配祀的第二等级。初为"十哲"，后增为固定的十二个人物，称为"十二哲"。"十哲"起于《论语》载"孔门四科十子"，分别是，德行：颜渊、闵子骞、冉伯牛、仲弓；言语：宰我、子贡；政事：冉有、季路；文

---

① 嘉庆《宁远县志》卷之四《学校志·御制赞》。

学：子游、子夏。唐开元八年（720年），"十子"入祀哲位。后颜渊升为配享，宋端平二年（1235年）以孔伋补，南宋咸淳三年（1267年）孔伋升为配享后又以颛孙师补。

"十二哲"中有十一人为孔子的弟子，只朱熹一人为宋代理学家。康熙五十一年（1712年），升朱熹为十哲之次，成十一哲。朱熹是唯一非孔子亲传弟子而享祀文庙的超格待遇之人，这也是清王朝极力推崇程朱理学的一个重要表现。乾隆三年（1738年），升有若为十二哲，位居朱熹之上。此后，"十二哲"成为定制。

今宁远文庙已经不见十二哲的踪迹，但在嘉庆十七年《宁远县志》中有记载：

东六位，殿内次，东西向。

先贤闵子骞（名损，鲁人）；先贤冉子仲弓（名雍，鲁人）；先贤端木子贡（名赐，卫人）；先贤仲子路（名由，卞人）；先贤卜子夏（名商，卫人）；先贤有子（名若，鲁人，乾隆三年升配）。

闵子损，字子骞。唐开元八年（720年），从祀。二十七年（739年），赠费侯。宋大中祥符二年（1009年），封琅琊公。咸淳三年（1267年），封费公。明嘉靖九年（1530年），改称先贤闵子。列东哲第一位。

冉子雍，字仲弓。唐开元八年（720年），从祀。二十七年（739年），赠薛侯。宋大中祥符二年（1009年），封下邳公。咸淳三年（1267年），封薛公。嘉靖九年（1530年），改称先贤冉子。列东哲第二位。

端木赐，字子贡。天资聪颖，善为说辞。孔子曰："自吾得赐，远方之士日至。"唐开元八年（720年），从祀。二十七年（739年），赠黎侯。宋大中祥符二年（1009年），封黎阳公。咸淳三年（1267年），封黎公。明嘉靖九年（1530年），改称先贤端木子。列东哲第三位。

仲由，字子路，又字季路。孔子曰："自吾得由，恶言不入于耳。"唐开元八年（720年），从祀。二十七年（739年），赠卫侯。宋大中祥符二年（1009年），封河内公。咸淳三年（1267年），封卫公。明嘉靖九年（1530年），改称先贤仲子。列东哲第四位。

卜商，字子夏。以文学著名。唐开元二十一年（733年），从祀。二十七年（739年），赠魏侯。宋大中祥符二年（1009年），封河东公。咸淳三年（1267年），封魏国公。明嘉靖九年（1530年），改称先贤卜子。列东哲第五位。

有若，字子有。为人强识，好古道。唐开元二十七年（739年），从祀，赠卞伯。宋大中祥符二年（1009年），封平阴侯。明嘉靖九年（1530年），改称先贤有子。清乾隆三年（1738年）三月，尚书衔徐云梦请升有子于大成殿东哲位十子之次，诏从之。列东哲第六位。

西六位，殿内次，西东向。

先贤冉子伯牛（名耕，鲁人）；先贤宰子我（名予，鲁人）；先贤冉子有（名求，鲁人）；先贤言子游（名偃，吴人）；先贤颛孙子张（名师，阳城人）；先贤朱子晦庵（名熹，宋婺源人，国朝康熙五十一年（1712年）升配）。

冉耕，字伯牛。以德行著名。唐开元八年（720年），从祀。二十七年（739年），赠郓侯。宋大中祥符二年（1009年），封东平公。咸淳三年（1267年），封郓公。明嘉靖九年，改称先贤冉子。列西哲第一位。

宰予，字子我。有口才。唐开元八年（720年），从祀。二十七年（739年），赠齐侯。宋大中祥符二年（1009

年），封临淄公。咸淳三年（1269年），封齐公。明嘉靖九年（1530年），改称先贤宰子。列西哲第二位。

冉求，字子有。亦伯牛之族。有才艺。唐开元八年（720年），从祀。二十七年（739年），赠徐侯。宋大中祥符二年（1009年），封彭城公。咸淳三年（1269年），封徐公。明嘉靖九年（1530年），改称先贤冉子。列西哲第三位。

言偃，字子游。有文学。仕鲁为武城宰，以礼乐化民。孔子曰："欲能则学，欲知则问，欲善则讯，欲给则豫，当是而行，偃也得之矣。"唐开元八年（720年），从祀。二十七年（739年），赠吴侯。宋大中祥符二年（1009年），封丹阳公。咸淳三年（1267年），封吴公。明嘉靖九年（1530年），改称先贤言子。列西哲第四位。

颛孙师，字子张。孔子曰："自吾得师，前有光，后有辉。"唐开元二十七年（739年），从祀，赠陈伯。宋大中祥符二年（1009年），封宛邱侯。政和元年，改封颍川侯。咸淳三年（1267年），封陈公，升十哲。明嘉靖九年（1530年），改称先贤颛孙子。列西哲第五位。

朱熹，字元晦，又字仲晦，号晦庵。徽州婺源人。年十四，即励志圣贤之学。历仕四朝。理学集大成者。是唯一一位非孔子亲传弟子而位列大成殿十二哲。南宋庆元六年（1200年）卒，年七十一，谥号文，世称朱文公。宝庆三年（1227年），赠太师，封信国公。绍定三年（1230年），改封徽国公。淳祐元年（1241年），从祀。元至正二十二年（1362年），改封齐国公。明嘉靖九年（1530年），改称先儒。崇祯十五年（1642年），改称先贤，位汉唐诸儒上。清康熙五十一年（1712年），奉旨特升配大成殿十哲之次，称先贤朱子。列西哲第六位。

十二哲一般供奉于大成殿内四配之外，明嘉靖九年（1530年）厘正祀典后，规定十二哲一律去爵号，易以木主，制木主高一尺四寸，阔二寸六分，厚五分，座高二寸六分，长四寸，厚二寸，赤地墨书，并改称为先贤某子。

孔子、四配、十二哲皆奉祀于大成殿，形成了一个有等级的主祀、配享、从祀体系。宁远文庙大成殿的奉祀人物如下表：

宁远文庙大成殿奉祀人物一览表

大成至圣先师孔子			
西配		东配	
宗圣曾子	曾参，孔子弟子	复圣颜子	颜回，孔子弟子
亚圣孟子	孟轲，孔伋之再传弟子	述圣子思子	孔伋，孔子之孙，曾参之弟子
十二哲西六位		十二哲东六位	
冉子	冉耕，即伯牛，孔子弟子	闵子	闵损，即子骞，孔子弟子
宰子	宰予，即子我，孔子弟子	冉子	冉雍，即仲弓，孔子弟子
冉子	冉求，即子有，孔子弟子	端木子	端木赐，即子贡，孔子弟子
言子	言偃，即子游，孔子弟子	仲子	仲由，即子路，孔子弟子
颛孙子	颛孙师，即子张，孔子弟子	卜子	卜商，即子夏，孔子弟子
朱子	朱熹，南宋理学家，儒学集大成者	有子	有若，即子有，孔子弟子

从祀——先贤、先儒

先贤、先儒都奉祀于文庙两庑，一般先贤摆放在前，先儒摆放在后，也有一些排列并没有按照规定的顺序。今宁远文庙东西两庑已改作他用，东庑为宁远名人馆，西庑为宁远文物展。

先贤、先儒都有被朝廷加赠爵号，但明嘉靖九年（1530年）厘正祀典，取消爵号，先贤、先儒木主一律改为先贤某子、先儒某子，并制定木主尺寸大小，高一尺四寸，阔二寸六分，厚五分，座高二寸六分，长四寸，厚二寸，赤地墨书。左丘明以下木主各高一尺三寸四分，阔二寸三分，厚四分，座高二寸六分，长四寸，厚二寸，赤地。颁行全国文庙。

先贤

先贤指古代的贤人，为文庙配祀人物的第三等。

先贤主要是孔子的弟子。汉代明帝、章帝、安帝东巡过鲁，皆到孔宅祀孔子，都以七十二弟子从祀。七十二弟子从祀之例当时只行于阙里，也未在后朝延续下去。唐开元时，七十子被授以爵号，列十哲之下，其从祀地位才基本稳定。

先贤的人数各朝文献记载各不一样。光绪《宁远县志》记载，宁远文庙东庑奉祀先贤40位，西庑奉祀先贤39位，共计79位。如下：

东庑有：公孙子侨、林子放、原子宪、南宫子适、商子瞿、漆雕子开、司马子耕、梁子鳣、冉子孺、伯子虔、冉子季、漆雕子徒父、漆雕子哆、公西子赤、任子不齐、公良子孺、公肩子定、鄡子单、罕父子黑、荣子旂、左人子郢、郑子国、原子亢、廉子洁、叔仲子会、公西子舆如、邽子巽、陈子亢、琴子张、步叔子乘、秦子非、颜子哙、颜子何、县子寰、牧子皮、乐正子克、万子章、周子敦颐、程子颢、邵子雍。

西庑有：蘧子瑗、澹台子灭明、宓子不齐、公冶子长、公皙子哀、高子柴、樊子须、商子泽、巫马子施、颜子辛、曹子恤、公孙子龙、秦子商、颜子高、穰驷子赤、石作子蜀、公夏子首、后子处、奚容子蒧、颜子祖、句井子疆、秦子祖、县子成、公祖子句兹、燕子伋、乐子欬、狄子黑、孔子忠、公西子蒧、颜子之仆、施子之常、申子枨、左邱子明、秦子冉、公明子仪、公都子、公孙子丑、张子载、程子颐。①

两庑从祀起于唐开元时，历代因之，或升或退，随时更改，每个时期的县志所载都略有差别。下表是民国《宁远县志》所列宁远文庙东、西两庑奉祀的先贤人物，比光绪《宁远县志》更加详细。为了一览宁远文庙东西两庑供奉的先贤人物，以民国《宁远县志》所载人物为基础，补充介绍了先贤人物的生活年代和从祀经历，绘表如下：

宁远文庙东、西庑奉祀先贤人物一览表②

东庑	西庑
公孙侨，字子产，又字子美，东周春秋后期郑国人，清咸丰七年从祀，原列西庑，同治二年移此	蘧瑗，字伯玉，卫大夫，明嘉靖九年改祀于乡，清雍正二年复祀东庑，同治二年移此
林放，鲁人，清雍正二年复祀西庑，同治二年移此	澹台灭明，字子羽，武城人，原列东庑，同治二年移此
原宪，嘉庆宁远县志作原思，宋人，开元八年从祀	宓不齐，字子贱，鲁人，开元八年从祀

① 光绪《宁远县志》卷第二《建置·祠祀》。
② 民国《宁远县志》卷第六《祠祀下》。

东庑	西庑
南宫适，字子容，鲁人，开元八年从祀	公冶长，字子长，鲁人，开元八年从祀
商瞿，字子木，鲁人，开元八年从祀	公皙哀，字季沈，齐人，开元八年从祀
漆雕开，字子开，鲁人，开元八年从祀	高柴，字子羔，齐人，开元八年从祀
司马耕，字伯牛，宋人，开元八年从祀	樊须，字子迟，鲁人，开元八年从祀
梁鳣，字叔鱼，齐人，开元八年从祀	商泽，字子秀，鲁人，开元八年从祀
冉孺，字子鱼，鲁人，开元八年从祀	巫马施，字子期，陈人，开元八年从祀
伯虔，字子析，鲁人，开元八年从祀	颜辛，字子柳，鲁人，开元八年从祀
冉季，字子产，鲁人，开元八年从祀	曹恤，字子循，蔡人，开元八年从祀
漆雕徒父，字子期，鲁人，开元八年从祀	公孙龙，字子石，赵人，开元八年从祀
漆雕哆，字子钦，鲁人，开元八年从祀	秦商，字子丕，鲁人，开元八年从祀
公西赤，字子华，鲁人，开元八年从祀	颜高，字子骄，鲁人，开元八年从祀
任不齐，字子选，楚人，开元八年从祀	穰驷赤，字子徒，秦人，开元八年从祀
公良孺，字子正，陈人，开元八年从祀	石作蜀，字子明，秦人，开元八年从祀
公坚定，字子中，鲁人开元八年从祀	公夏首，字子乘，鲁人，开元八年从祀

续表

东庑	西庑
鄡单，字子家，开元八年从祀	后处，字子里，齐人，开元八年从祀
罕父黑，字子墨，鲁人，开元八年从祀	奚容蒧，字子楷，鲁人，开元八年从祀
荣旂，字子祺，鲁人，开元八年从祀	颜祖，字子襄，鲁人，开元八年从祀
左人郢，字子行，鲁人，开元八年从祀	句井疆，字子孟，卫人，开元八年从祀
郑国，字子徒，鲁人，开元八年从祀	秦祖，字子男，鲁人，开元二十七年从祀
原元，嘉庆宁远县志作原亢，字子抗，鲁人，开元八年从祀	县城，史记作成，字子横，鲁人，开元八年从祀
廉洁，字子庸，卫人，开元八年从祀	公祖句之，史记作兹，字子之，鲁人，开元八年从祀
牧皮，雍正二年增祀，同治二年移此	燕伋，字子思，秦人，开元八年从祀
叔仲会，字子期，鲁人，开元八年从祀	乐欬，字子声，鲁人，开元八年从祀
公西舆如，字子上，鲁人，开元八年从祀	狄黑，字皙之，卫人，开元八年从祀
邽巽，字子敛，鲁人，开元八年从祀	孔忠，字子蔑，孔子兄孟皮之子，是孔子的侄子，鲁国人，开元八年从祀
陈亢，字子禽，陈人，宋初从祀	公西蒧，字子尚，鲁人，开元八年从祀
琴张，嘉庆宁远县志称作琴牢，字子张，卫人，宋初从祀	颜之仆，字子叔，鲁人，开元八年从祀
步叔乘，字子车，齐人，开元八年从祀	施之常，字子恒，鲁人，开元八年从祀

东庑	西庑
秦非,字子之,鲁人,开元八年从祀	申枨,字子周,鲁人,宋初从祀
颜哙,字子声,鲁人,开元八年从祀	左邱明,春秋鲁国人,唐贞观二十一年封为经师,明嘉靖九年封为先儒,明崇祯十五年封为先贤,清雍正三年为避孔子名讳,奉旨"丘"旁加"阝"
颜何,字冉,鲁人,开元八年从祀,嘉靖罢祀,雍正二年复祀	秦冉,东周蔡国人,唐开元二十七年,追封为彭衙伯,明嘉靖九年罢从祀,雍正二年增祀
县亶,字子象,春秋人,孔子门人,雍正二年增祀	公明仪,原列东庑,咸丰三年从祀,同治二年移此
乐正克,战国时鲁国人,孟子门人,雍正二年增祀	公都子,鲁国人,孟子门人,雍正二年增祀
万章,齐国人,孟子门人,雍正二年增祀	公孙丑,齐国人,孟子门人,雍正二年增祀
孔安国,字子国,汉武帝时人,孔子世孙,同治二年移此	张载,字子厚,宋真宗时郿县横渠镇人,宋淳祐元年从祀,明崇祯时改先贤
周敦颐,字茂叔,宋真宗时营道人,宋淳祐元年从祀,明崇祯十五年改先贤,位七十子下	程颐,字正叔,宋仁宗时人,颢弟,宋淳祐间从祀,明崇祯时改先贤
程颢,字伯淳,宋真宗时洛阳人,宋淳祐从祀,崇祯改先贤	
邵雍,字尧夫,宋真宗时河南人,宋咸淳三年从祀,明崇祯间改先贤	
刘德,汉河间献王,光绪三年从祀	

先贤中大部分为孔子的弟子,后增加的有如下几种情

形：如东周时期公孙侨（1857年从祀）、蘧瑗（明嘉靖九年，即1530年罢祀，雍正二年，即1724年复祀）为孔子推崇的同时代贤人。公明仪（1853年从祀）为颛孙师的弟子，乐正克（1724年从祀）、万章（1724年从祀）、公都子（1724年从祀）、公孙丑（1724年从祀）为孟子的弟子。邵雍（1267年为先儒，1642年升为先贤）、周敦颐（南宋1241年、元朝1313年为先儒，1642年升为先贤）、程颢（同前）、程颐（同前）、张载（同前）五人则是宋代的理学家。

先儒

先儒指古代的儒者，为文庙配祀人物的第四等。先儒从祀早于先贤，在唐贞观二十一年（647年），太宗就命令以左丘明、公羊高等22人从祀孔庙。相较于先贤只在明嘉靖九年（1530年）罢黜过一次，先儒的增加、罢祀、复祀的变动都较大。光绪《宁远县志》记载，宁远文庙东庑奉祀先儒31位，西庑奉祀先儒29位，共计60位。如下：

东庑有：公羊氏高、伏氏胜、毛氏亨、孔氏安国、后氏苍、郑氏康成、范氏宁、陆氏贽、范氏仲淹、欧阳氏修、司马氏光、谢氏良佐、罗氏从彦、李氏纲、张氏栻、陆氏九渊、陈氏淳、真氏德秀、何氏基、文氏天祥、赵氏复、金氏履祥、陈氏澔、方氏孝孺、薛氏瑄、胡氏居仁、罗氏钦顺、吕氏柟、刘氏宗周、孙氏奇逢、陆氏陇其。

西庑有：穀梁氏赤、高堂氏生、董氏仲舒、毛氏苌、杜氏子春、诸葛氏亮、王氏通、胡氏瑗、韩氏琦、杨氏时、尹氏焞、胡氏安国、李氏侗、吕氏祖谦、黄氏干、蔡氏沈、魏氏了翁、王氏柏、陆氏秀夫、许氏衡、吴氏澄、许氏谦、曹氏端、陈氏献章、蔡氏清、王氏守仁、吕氏坤、黄氏道周、汤氏斌。①

光绪《宁远县志》所记载的先儒，除了遗漏了唐代韩愈（宋神宗元丰七年，即1084年从祀，嘉庆宁远县志中有载），未载的先儒为1868年及以后从祀文庙。先儒人数到民国时期，已经达到77人之多。有袁燮（1868年从祀）、张履祥（1871年从祀）、许慎（1875年从祀）、陆世仪（1875年从祀）、刘德（1877年从祀）、张伯行（1878年从祀）、辅广（1880年从祀）、游酢（1892年从祀）、吕大临（1895年从祀）、王夫子（1908年从祀）、顾炎武（1908年从祀）、黄宗羲（1908年从祀）、赵歧（1910年从祀）、元代刘因（1910年从祀）、李塨（1919年从祀）、颜元（1919年从祀）。

为了体现宁远文庙东西两庑奉祀先儒的不同，笔者查阅民国《宁远县志》所列宁远文庙两庑奉祀先儒人物，并以此为基础，绘制了下表：

宁远文庙东、西庑奉祀先儒人物一览表②

东庑	西庑
公羊高，周末齐人，唐贞观二十一年从祀	榖梁赤，字元始，周末鲁人，唐贞观二十一年从祀
伏胜，字子贱，秦汉间邹平人，唐贞观中从祀	高堂生，名伯，秦汉间鲁人，宋封莱芜伯
毛亨，战国末年鲁国人，同治二年从祀	董仲舒，字宽夫，汉景帝时广川人，元至顺元年从祀东庑，同治二年移此
后苍，字近君，汉宣帝东海郯人，明嘉靖九年从祀	毛苌，大毛公亨之子，汉武帝时赵人
许慎，字叔重，东汉汝南召陵人，光绪二年从祀	杜子春，汉哀帝时河南人，唐贞观二十一年从祀东庑，清同治二年移此

① 光绪《宁远县志》卷第二《建置·祠祀》。
② 民国《宁远县志》卷第六《祠祀下》。

续表

东庑	西庑
郑康成，即郑玄，汉末高密人，唐贞观年间，列郑玄于二十二"先师"之列，配享孔庙，雍正二年复祀西庑，同治二年移此	赵岐，字邠卿，东汉京兆长陵县人，宣统三年从祀
范宁，字武子，晋时人，雍正二年复祀	诸葛亮，字孔明，后汉时沂州人，雍正二年从祀东庑，同治二年移此
陆贽，道光六年从祀西庑，同治二年移此	王通，字仲淹，隋开皇时龙门人，明嘉靖九年从祀东庑，清同治二年移此
范仲淹，字希文，宋仁宗时吴县人，康熙五十四年增祀	韩愈，字退之，世称韩昌黎、昌黎先生，唐代河南河阳人，宋元丰七年从祀
欧阳修，字永叔，宋真宗时庐陵人，明嘉靖九年从祀	胡瑗，字翼之，宋太宗时海陵人，明嘉靖九年从祀
司马光，字君实，宋真宗时夏县人，宋咸淳三年从祀西庑，同治二年移此	韩琦，字稚圭，自号赣叟，北宋相州安阳人，清咸丰二年从祀东庑，同治二年移此
谢良佐，字显道，人称上蔡先生，北宋蔡州上蔡人，道光二十九年从祀	杨时，字中立，宋仁宗时将乐人，元至正二十二年从祀东庑，清同治二年移此
吕大临，字与叔，宋代京兆蓝田人，道光二十一年从祀	尹焞，字彦明，宋徽宗时洛阳人，雍正二年增祀
罗从彦，字仲素，宋神宗时南剑州人，明万历三十七年从祀	胡安国，字康侯，宋仁宗时崇安人，元至正二十二年从祀，嘉庆宁远县志载，明正统间从祀
李纲，字伯纪，号梁溪先生，两宋时常州无锡人，咸丰元年从祀西庑，同治二年移此	游酢，字定夫，北宋建州建阳人，光绪十八年从祀
张栻，号南轩，称南轩先生，南宋汉州绵竹人，宋景定二年从祀	吕祖谦，字伯恭，宋高宗时金华人，宋景定二年从祀东庑，清同治二年移此

东庑	西庑
陆九渊，字子静，宋高宗时金溪人，明嘉靖九年从祀	黄幹，字直卿，号勉斋，宋宁宗时闽县人，雍正二年增祀
陈淳，字北溪，宋宁宗时龙溪人，雍正二年增祀	袁燮，南宋人，陆九渊的传人，同治七年从祀
真德秀，字景元，宋宁宗时浦城人，元至正二十二年从祀，原列西庑，同治二年移此，嘉庆宁远县志载，明正统年从祀	辅广，字汉卿，号潜庵，南宋人，光绪五年从祀
何基，字子恭，宋宁宗时金华人，清雍正二年从祀西庑，同治二年移此	蔡沈，字仲默，南宋孝宗时建阳人，明正统二年从祀东庑，清同治二年移此
文天祥，字宋瑞，南宋江西吉州庐陵人，道光二十三年从祀西庑，同治二年移此	魏了翁，字华父，宋宁宗时蒲江人，清雍正二年从祀东庑，同治二年移此
赵复，字仁甫，德安人，雍正二年增祀	王柏，字会之，号鲁斋，宋末金华人，雍正二年从祀东庑，同治二年移此
刘因，字梦吉，号静修，元代雄州容城人，宣统三年从祀	陆秀夫，字君实，南宋人，咸丰八年从祀
金履祥，字吉父，尊号仁山先生，宋、元之际兰溪人，雍正三年从祀西庑，同治二年移此	许衡，字仲平，宋元间河内人，元皇庆二年从祀
陈澔，字可大，宋末元初都昌人，清雍正二年从祀西庑，同治二年移此	吴澄，字幼清，元时崇仁人，明宣德十年从祀，嘉靖九年罢祀，乾隆二年复祀东庑，同治二年移此
方孝孺，字希直，号逊志，明朝宁海人，同治二年移此	许谦，字白云，元时金华人，雍正二年从祀东庑，同治二年移此
薛瑄，字德温，明太祖时河津人，明隆庆五年从祀西庑，同治二年移此	曹端，字正夫，号月川，明代河南渑池人，咸丰十年从祀东庑，同治二年移此

续表

东庑	西庑
胡居仁，字叔心，明宣宗时余干人，明万历十二年从祀	陈献章，字公甫，明宣宗时新会人，万历十二年从祀
罗钦顺，字允升，号整庵，明孝宗时泰和人，雍正二年增祀	蔡清，字介夫，别号虚斋，明武宗时晋江人，雍正二年增祀
吕柟，字仲木，号泾野，明代陕西高陵人，同治二年从祀	王守仁，字伯安，明宪宗时余姚人，明万历十二年从祀东庑，同治二年移此
刘宗周，字起东，别号念台，明朝绍兴府山阴人，道光二年从祀西庑，同治二年移此	吕坤，字叔简，明代归德府宁陵吕大庄人，道光六年从祀
孙奇逢，字启泰，号钟元，明末清初理学大家道光八年从祀	黄道周，字幼玄，号石斋，明代福建漳州府漳浦县人，道光五年从祀东庑，同治二年移此
王夫之，字而农，号姜斋，明末清初衡阳人，宣统三年从祀	黄宗羲，字太冲，号梨洲老人，明末清初余姚人，道光三十四年从祀
顾炎武，尊号亭林先生，明末清初昆山人，宣统三年从祀	陆世仪，字道威，号刚斋，晚号桴亭，明末清初太仓人，光绪元年从祀
张履祥，字考夫，号杨园，明末清初浙江桐乡人，同治十年从祀	汤斌，字孔伯，号荆岘，晚号潜庵，清代河南睢州人，道光三年从祀东庑，同治二年移此
陆陇其，字稼书，浙江平湖人，清代理学家，雍正二年从祀西庑，同治二年移此	
张伯行，字孝先，号恕斋，晚号敬庵，清河南仪封人，光绪四年从祀	

先儒第一次罢祀在南宋淳熙四年（1177年），王安石之子王雱被罢祀。其中明嘉靖九年（1530年）是罢祀人数最多

的一次，被罢祀的原因各不相同，有荀况（言性恶）、扬雄（事王莽）、戴圣（脏吏）、刘向（诵神仙方术）、贾逵（附会图谶）、马融（党附势家）、何休（注《风角》等书）、王肃（为司马师画策篡位）、王弼（宗旨老庄）、杜预（短丧）、吴澄（忘宋事元）、郑众、卢植、服虔、郑玄、范宁（学未显著）。后来，郑玄、范宁于1724年复祀，吴澄于1737年复祀。

追祀——孔子先祖

自汉朝武帝将儒学定于一尊，历朝历代推崇儒学，尊崇孔子，孔子被封公、封王，受到无比崇祀的同时，恩宠下及其子孙门人，上及其先祖先宗。为了传承、践行儒学倡导的孝道，明朝时在全国文庙开始建造祭祀孔子父亲的殿堂。孔子的父亲是叔梁纥（前622—前556），宋大中祥符元年（1008年）追谥为齐国公，建专祠于曲阜孔庙，元至顺元年（1330年）追谥为启圣王，明改称启圣公。

宁远文庙中祭祀孔子先祖的殿堂，在大成殿后，居大成殿正北，是中轴线上最北端的建筑。明嘉靖九年（1530年）始设时，称为"启圣祠"，因为主祀孔子父亲"启圣公"叔梁纥。以四配的父亲为配享，以程颢和程颐的父亲程珦、朱熹的父亲朱松、蔡沈的父亲蔡元定、周敦颐的父亲周辅成（1595年）从祀。启圣祠只主祀孔子父亲一人，后来者认为，孔子能成长为一代先圣，必不是其父一人所积累，而是积几代先人之福，于是就有清雍正元年（1723年），"封孔氏

五代王爵"，第二年（1724年）将全国各地文庙"启圣祠"改
为"崇圣祠"，主祀孔子五代先人。

据嘉庆《宁远县志》记载，宁远文庙供奉孔子五代先
人为：

（五世祖）肇圣王木金公，居正中，南向。

（高祖）裕圣王祈父公，居东一室，南向。

（曾祖）诒圣王防叔公，居西一室，南向。

（祖父）昌圣王伯夏公，居东二室，南向。

（父）启圣王叔梁公，居西二室，南向。[①]

四配享为：

颜季路，名无繇，颜回之父，居于大殿东坐西向。明嘉
靖九年（1530年），配享启圣祠，改称先贤颜氏。列崇圣祠
东配第一位。宋高宗赞：人谁无子，尔嗣标奇。行为世范，
学为人师。请车诚非，顾非其私。千载之下，足以示慈。

孔伯鱼，名鲤，子思之父。年五十，先孔子卒。居于大
殿东坐西向。宋徽宗崇宁元年（1102年），追封泗水侯。南
宋度宗咸淳三年（1267年），从祀。明嘉靖九年，配享启圣
祠，称先贤孔氏。列崇圣祠东配第二位。

曾子皙，名点，曾参之父。居于大殿西坐东向。唐开元
二十七年（739年），从祀，赠宿伯。宋大中祥符二年（1009
年），封莱芜侯。明嘉靖九年，配享启圣祠，称先贤曾氏。
列崇圣祠西配第一位。宋高宗赞：惟时义方，有子诚孝。怡
怡圣域，俱膺是道。莫春舞雩，咏歌至教。师故与之，和悦
宜召。

孟孙公宜，名激，孟轲之父。居于大殿西坐东向。明嘉
靖九年（1530年），配享启圣祠，称先贤孟孙氏。列崇圣祠

---

① 嘉庆《宁远县志》卷之四《学
校志·崇圣祠》。

西配第二位。

五从祀为：

周辅成，敦颐之父。明万历二十三年（1595年），从祀启圣祠，称先儒周氏。列崇圣祠东从祀第一位。

程珦，字伯温，颢、颐之父。明嘉靖九年（1530年），从祀启圣祠，称先贤程氏。列崇圣祠东从祀第二位。

蔡元定，字季通，沈之父。明嘉靖九年（1530年），从祀启圣祠，称先儒蔡氏。列崇圣祠东从祀第三位。

张迪，张载之父，雍正二年（1724年）增祀崇圣祠，称先儒张氏。列崇圣祠西从祀第一位。

朱松，字乔年，朱熹之父。明嘉靖九年（1530年），从祀启圣祠，称先儒朱氏。列崇圣祠西从祀第二位。

孔氏孟皮，咸丰七年（1857年）增入崇圣祠从祀，成为东配之一，但不是很普及。

下表为宁远文庙崇圣祠供祀人物一览表，主要依据各时期的《宁远县志》绘制。

宁远文庙崇圣祠奉祀人物一览表

奉祀等级	姓名	称号	位置坐向	人物来历	供祀时间
主祀	木金公	肇圣王	居正中，南向	五世祖	清雍正二年（1724年）
	祈父公	裕圣王	居东一室，南向	高祖	清雍正二年
	防叔公	诒圣王	居西一室，南向	曾祖	清雍正二年
	伯夏公	昌圣王	居东二室，南向	祖父	清雍正二年
	叔梁公	启圣王	居西二室，南向	父	明嘉靖九年（1530年）

续表

奉祀等级	姓名	称号	位置坐向	人物来历	供祀时间
四配享	颜季路	先贤颜氏	东配第一位，东坐西向	名无繇，颜回之父	明嘉靖九年
	孔伯鱼	先贤孔氏	东配第二位，东坐西向	名鲤，子思之父	明嘉靖九年
	曾子晳	先贤曾氏	西配第一位，西坐东向	名点，曾参之父	明嘉靖九年
	孟孙公宜	先贤孟孙氏	西配第二位，西坐东向	名激，孟轲之父	明嘉靖九年
五从祀	周辅成	先儒周氏	东从祀第一位	周敦颐之父	明万历二十三年（1595年）
	程珦	先贤程氏	东从祀第二位	程颢、程颐之父	明嘉靖九年
	蔡元定	先儒蔡氏	东从祀第三位	蔡沈之父	明嘉靖九年
五从祀	张迪	先儒张氏	西从祀第一位	张载之父	清雍正二年
	朱松	先儒朱氏	西从祀第二位	朱熹之父	明嘉靖九年

宁远文庙崇圣祠现为宁远教育"三名馆"，即名校、名师、名生展馆。

附祀——名宦、乡贤

明洪武二年（1369年），朱元璋令天下学校皆建祠，左祀贤牧，右祀乡贤，附祭庙庭。世宗令天下有司、学校备查古今名宦、乡贤，果有遗爱在人，乡评有据者，即入祠祀。清雍正以后，文庙祭祀名宦、乡贤，其祭器、祭品、祀文、仪节，颁在学宫，俱有常例。

宁远文庙名宦祠、乡贤祠在大成门两侧，其间分别奉祀名宦与乡贤。据各时期《宁远县志》记载，宁远文庙名宦祠、乡贤祠供奉的人物有：

宁远文庙名宦祠、乡贤祠供奉人物一览表

名宦祠			乡贤祠		
朝代	姓名	主要成就	朝代	姓名	主要成就
宋代	王政	观察使	唐代	李郃	状元
	赵师懿	州刺史	宋代	李世南	太常博士
	董德元	主簿		李绚	郴州知州
	李挟	县尉		黄弼	郴州知州
明代	朱公庆	知县		李长庚	朝请大夫
	陈钦	知县		黄龟鼎	奉议郎
	周应熙	知县		杨齐贤	通直郎
	李景芳	知县		乐雷发	状元
	谢能让	知县	明代	雷复	侍郎、山西巡抚
	陈绅	知县		李胜	柳城知县
	周谅	知县		乐舥	浔州通判
	何其贤	知县		刘良	奉议大夫
	崔大壮	知县		乐宣	户部主事
	蔡光	知县		李敫	雷州知府
	张陞	知县		荆茂	福建按察使
	王时春	知县		陈滞	太原府同知
	蒋鐩	知县		于材	翰林院编修
	李孜	教谕			
	陈邵	教谕			

名宦祠			乡贤祠		
朝代	姓名	主要成就	朝代	姓名	主要成就
明代	黄应兆	教谕			
	宁建中	本府同知			
	高世泰	提学副使			
清代	李荫祖	湖广总督			
	蒋永修	提学副使			
	丁思孔	湖广总督			
	吴琠	湖广总督			
	李辉祖	湖广总督			
	郎永清	湖南布政使司			
	张仕可	衡永郴道			
	徐经	知县			

名宦、乡贤祠于每年春秋文庙释奠后进行祭祀,祭文由国家统一制定。名宦祠祭文内容为:"卓哉群公,懋修厥职。泽被生灵,功垂社稷。今值仲春(秋),谨以牲帛醴齐,用伸明荐。尚飨!"乡贤祠祭文内容为:"於惟群公,孕秀兹邦。懿德卓行,奕世流芳。今值仲春(秋),谨以牲帛醴齐,用伸明荐。尚飨!"

嘉庆《宁远县志》还保存了一些名宦、乡贤的传记,兹列一些如下:

王政,山东人。宋高宗时,尝从大将军韩世忠,行间以勇著,后为衡永郴桂都巡抚使。乾道元年,寇犯县境,政御之,既而贼大至遂被执詈贼死,赠广州观察使。（旧有褒忠祠在县东南以祀政，后祀之名宦祠。）

赵师懿，福州人。嘉定七年（1214年），自罗池奏最迁道州刺史，振顽俗，革奸吏，期月大治，民歌其德，建祠于九疑舜庙之西，立碑于永福寺齐云阁，今祠宇久废。嘉庆中，碑刻犹存。

李揆，浏阳人。乾道二年（1166年），领乡荐授宁远尉获盗十数，或曰可用赏脱选揆，曰杀人以阶荣，显吾不为也。后宰上高县，入为中书舍人。（祀名宦祠）

董德元，吉州人。绍兴时为县主簿，有善政。（祀名宦祠）

朱公庆，明洪武初知县事，承兵燹之后，修葺县治，招抚流移，虽有小警，市不易肆。（祀名宦祠）

陈钦，苍梧人。成化间知县，事宽平，不事苛察，儿童走卒皆颂其德。（祀名宦祠）

周应熙，江西安福人。继陈钦为县，勤廉不为，刻深民称，县官能者，必曰陈钦、周应熙云。（祀名宦祠）

李景芳，宜山人。以举人任闽之龙溪，用直道忤守意。弘治中，来知县事以理冤泽物为职志，终以不见知于时，乞休去。至嘉靖中其子应旸亦以举人来为县。（祀名宦祠）

谢能让，江西安福人。正德间，自临湘教谕来知县，事先是郡吏阴结无赖侵蚀税民，民不堪其扰巨室逃窜者至千家破，家死者不胜计。能让至曲为抚辑，民乃安业。俗于人命讼者率购人抵罪，能让一以法绳之，至是不敢为诬，土寇藕发，分团保守盗遂息。嘉靖壬午，乡试召诣外廉辞疾不赴，诬以不谨罢官，民号泣，攀留之。（祀名宦祠）

陈绅，南平人。嘉靖中知县事，守峻而心和，县夙

有猾能希意为容悦，绅至一切叱去不令近左右。于催科折狱务矜邮不忍峻法以绳。暇则进诸生为讲，文义士风丕燮。（祀名宦祠）

周谅，永丰人。前官牍有未结者百三十九事，谅来为县悉结束之。嘉靖十五年（1536年），大旱，徒步祷祠，而隋以澍。高山徭叛，谅躬率乡兵捣其巢立五营以扼险。江华苗叛，巡抚檄，谅剿平之，以功迁云南道监察御史。（祀名宦祠）

何其贤，休宁人。嘉靖间知县事，凡五载，以清介自持，议减差银，究心水利，迁御史去。（祀名宦祠）

崔大壮，番禺人。嘉靖末知县，奉檄清丈民田均摊粮税遂减。永乐诸乡堆粮流移复业，感其德为祠，祠之题曰崔侯遗爱。

蔡光，光山人。万历初知县事，立书院，增置学田，百废具举。（祀名宦祠）

张升，南昌人。万历中知县，平易近民，未儿卒，官民思之为立祠。（祀名宦祠）

王时春，东莞人。万历十七年（1589年）知县，值岁饥为粥以活流亡，凡千于众，治事数年，會岁旱祷于神，愿减己寿祈三日雨以活民。诸所修建皆以实心任之，不事虚饰，宁民之有石城自时春始，民由是不苦岁修之役，时春去后十五年，王而鄞来知县事，亦东莞人举功，令诸生人复丁粮之二，核里中籍剂调之，请于上官，士涵其德，乞户部尚书零陵周希圣，为王侯泽士永思记，记之。

蒋镶，长洲人。万历末年知县，长于吏治，兼工文藻，县中名胜多所题品，曾手订九疑志。

李牧（嘉庆志作李孜），保昌人。为教谕七载，课

诸生勤恳不倦。（祀名宦祠）

陈劭，惠安人。为县教谕，教人先行后文，督诸生夜课，初鼓催茶往，二鼓催果，三鼓催粥，以为常其所，成就甚众。（祀名宦祠）

黄应召（嘉庆志作应兆），南海人，为县教谕，骨鲠自将，悉心训迪，文风遂振，一时推为师范中表表者，迁汉中推官去。[1]

蒋永修，宜兴人。进士。督学湖广，恢复时值午未，文体卑弱，公下车振刷习气，一时所拔皆单寒之士，由是风气焕然一新，至今士类犹讴思之，祀名宦。

丁思孔，字景行，奉天人，进士。先为湖南巡抚，有善政于民，后升全楚总制，卒祀名宦。

吴琠，号铜川，山西沁州人。巳亥进士。历任湖广总督，洁己爱民，民思慕之，后拜保和殿大学士，卒谥文端。祀名宦。

李郃，字子元，一字西贞，莲塘人。太和二年（828年）举，贤良方正，能直言极谏，擢进士第一。

黄弼，字直卿，鸣珂里人，大中祥符四年（1011年）进士，历朝奉尚书度支员外郎，集贤校理，知柳州军事兼管内劝农营田事轻骑都尉，赐绯鱼袋历官有声，人传诵之，卒祀乡贤。[2]

① 民国《宁远县志》卷第八《官师传》。
② 嘉庆《宁远县志》卷之六《人物志》。

文庙祭祀物品：『祭品』与『礼器』齐备

文庙祭祀物品主要指释奠时所使用的祭品和礼器。各朝礼仪制度对祭品和礼器的使用都有相应的规定，国学、阙里、地方学庙都须遵循礼制规定，不可随意。关于祭祀孔子的祭品，可追溯至《史记·孔子世家》，其中载："高皇帝过鲁，以太牢祠焉。"①汉高祖刘邦经过鲁，用"太牢"，即牛、羊、猪三牲，祭祀孔子。牛、羊、猪三牲成为祭祀孔子的主要祭品，后世基本相沿。到了唐代，祭祀孔子的礼器开始也逐渐确定下来。

根据历史上文庙祭祀的等级不同，文庙释奠使用不同的祭品和礼器，不同的祭品和礼器又反过来体现着文庙释奠的规格。如祭品用牲牢有太牢和少牢之分，所使用礼器笾、豆的数量，最高规格为大祀用笾十二、豆十二，其次为中祀用笾十、豆十，小祀则用笾八、豆八。此外，中央官学和地方官学文庙祭祀的规格也不一样，所用祭祀物品也有差异。而随着文庙祭祀制度的逐步完善，文庙中受祀人物孔子、四配、十二哲、先贤先儒所使用的祭品祭器甚至也出现了等级

① 《史记·孔子世家》。

森严的规定。

如嘉庆十七年《宁远县志》记载的宁远文庙释奠摆放器物，至圣案前有："帛一（白色）、牛一、羊一、豕一、登一、铏二、簠二、簋二、笾十、豆十、酒罇一、白磁爵三。"四配案前有："帛一（白色）、豕一、羊、铏一、簠二、簋二、笾八、豆八、酒罇一、白磁爵三。"十二哲案前有："帛一（白色）、豕一、铏各一、簠各一、簋各一、笾各四、豆各四、豕首一、白磁爵三。"两庑案前有："帛一、簠一、簋一、笾四、豆四、豕肉二、每位铜爵三。"崇圣祠孔子先祖案前有："帛一、羊一、豕一、铏二、簠二、簋二、笾八、豆八、酒罇一、白磁爵三。"崇圣祠四配案前有："帛一、豕首一、簠一、簋一、笾四、豆四、豕肉一、每位铜爵三。"崇圣祠"五从祀祭品同两庑"。[1]可见各受祀人物案前摆放的祭品祭器各不相同，而有差等。

嘉庆十七年《宁远县志》载主要祭祀礼器有，"簠、簋、笾、豆、云雷尊、象尊、牺尊、太尊、壶尊、山尊、著尊、罍、洗、勺、鼎、爵、坫、登、铏、俎、筐。"[2]民国《宁远县志》载有，"祝板、爵、登、铏、簠、簋、笾、豆、酒樽、筐、酒棹、牲匣、木盘、香案、香烛、烛台、供棹、毛血盆、瘗毛血盆、帨巾、盥洗盆架、酒勺、幂巾、涤牲桶、锅、枫盆、庭燎。"[3]

从上我们可大致知道，宁远文庙举行释奠礼时，所用祭品、祭器的情况。

祭品

祭品涵盖各式物产，主要有币帛、牺牲、粢盛、酒醴及

① 嘉庆《宁远县志》卷之四《学校志·祭品》。
② 嘉庆《宁远县志》卷之四《学校志·礼器》。
③ 民国《宁远县志》卷第六《祠祀下》。

其他水土庶品。为了体现对神灵的诚意，供奉物品种类齐全最佳。祭品除了丰富，还要求洁净，所以祭品需要精心筹办。如牲牢在祭祀前都要经过筛选、喂养、洗涤、装饰等。祭品羹、酒、黍、稷、稻、粱、形盐、槀鱼、枣、栗、榛、芡、菱、鹿脯、韭菹、醓醢、菁菹、鹿醢、芹菹、兔醢、笋菹、鱼醢等的制作方法、所盛之器、摆设之法等，也深有讲究。

币帛

币、帛都是丝织品，可以互用。祀典用帛需要一定的资格等级，一般大祀、中祀方可用帛作为祭品。奠帛或是奠币是释奠初献礼时重要的一个环节，帛为白色，长一丈八尺。

因为释奠用帛是奉祀神灵之物，织造时也十分严谨和讲究。明洪武间甚至规定，织造释奠用帛的织工要选用专人专任，且此人未曾犯过错，无疾病和不良嗜好，更要求在织造帛时要沐浴更衣，洗手焚香。

牺牲

文庙祭祀用牲，是祭品中需首要筹备的。主要有三牲，即牛、羊、猪。

牲的选用有一定规定，不能随意。祭祀所用之牲，以身体健康、毛色纯一为佳。牺牲选好后，由专人饲养一段时间，依据祀典等级，喂养时间大多是大祀喂养90天，中祀喂养30天，小祀喂养10天。若喂养期间，牺牲出现瘦弱或是致死的现象，喂养责任人应受相应惩治。一般在挑选祭祀用牲时还会挑选一头替补牺牲，以备使用。虽有这样的规定，但后世在执行中并没有这样严格，也会出现牺牲买来即用的情况。

祭祀前几日，有省牲仪式，即牲在走向祭坛前还须经过一番修饰，以示祀事的庄严。祭祀前夕割牲，牲的毛血盛于器皿，待祭祀时使用。之后的解牲、烹牲也是十分讲究，有一套复杂的割牲、烹牲之法。

粢盛

粢泛指谷物，粢盛指盛在祭器内供以祭祀的谷物。用于文庙祭祀的谷物主要有黍、稷、稻、粱四种，盛谷物的器皿主要是簠、簋。黍、稷一般盛于簋，稻、粱盛于簠。用于祭祀的粢盛，有专人专门管理其耕种、收藏、去壳、淘洗、制作、标记、直至盛于簠、簋，陈设于案。

酒醴

古之用于祭祀的酒醴称为五齐、三酒。"五齐"指泛齐、醴齐、盎齐、缇齐、沈齐五种酒。"三酒"为事酒、昔酒、清酒三种酒。祭祀所用酒醴都为专门的技术人员特别酿制，不可随便买于集市。历代文庙释奠用酒在陈设位置和种类上都不一样。宁远文庙释奠虽设尊、爵等器，其中所盛为何酒，无明确记载。

羹

文庙释奠用羹有太羹、和羹两种。太羹盛于登，和羹盛于铏。太羹贵于和羹，太羹为不加五味等调料的肉汤，和羹则为加入了调料的羹汤。一般为牲牢割取完毕后所剩之体烹调而成。

香烛

明洪武十七年（1384年），令郡县长官每月朔望诣学行香。但明代释奠正祭没有上香仪。清代，香礼则是释奠礼仪的一部分，从宁远县志关于文庙释奠相关记载即可知。

其他庶品

其他庶品种类很多，有形盐、槀鱼、枣、栗、榛、芡、菱、鹿脯、韭菹、醓醢、菁菹、鹿醢、芹菹、兔醢、笋菹、鱼醢等。主要盛于礼器笾、豆之中。

祭器

祭器为享神之器，用于辅助行礼，因而贵于一般的宴饮之器，制作也十分讲究。若破旧、损坏了，便要埋葬，以防用于宴饮而亵渎神灵。

文庙释奠祭器有：尊爵、登铏、簠簋、笾豆、俎、毛血盘、勺、篚、盥洗盆、帨巾、幂巾、涤牲桶、祝板、烛台、庭燎等等。关于祭器的等级、数量、品类等，各代礼制都有统一规定。依据宁远县志记载的祭器陈设图主要介绍如下几种：

尊爵

尊为盛酒器，爵为饮酒器。尊的种类很多，清代宁远县志记载有七种，云雷尊、象尊、牺尊、太尊、壶尊、山尊、著尊。从文庙释奠仪注和祭品祭器陈设图中可知，爵除用于预奠于神位前，还用于献官献爵酌饮，饮福受胙时正献官用爵饮福酒。

登铏

登、铏为盛羹器。登盛太羹，铏盛和羹。登只陈设于至圣案前。清代登铏皆为铜制。

簠簋

簠、簋为盛谷物的器皿。簠一般为方形，簋为圆形。

笾豆

笾、豆为盛果脯之类食物的器皿。一般笾居左，豆居右。笾为竹制，也称竹豆。豆为木制。笾中盛枣、栗、榛等干货。豆中盛菹、醢等制成熟食。

俎

俎用于盛牲之体。

因祭器只行礼时才用，不得外借，一般使用率不高，处于封存时候较多，因而会出现毁坏或是遗失的情况，造成祭器不完备，影响文庙释奠行礼。此种情况，各地方文庙时有发生。

祭品与祭器的摆设

文庙释奠时，礼器与祭品一般有相对固定的搭配关系，如俎与牲体，尊爵与酒醴，登铏与羹，簠簋与谷物，笾豆与其他水土物产。什么祭品放在什么祭器中，都有一定讲究，并形成了定制。

民国《宁远县志》载宁远文庙释奠祭品祭器位次，如下：

至圣孔子位前：先为帛。次设爵三。次设一登于中间，盛太羹，二铏于登左右，盛和羹。再次为簠簋，簋二居北，盛黍稷，簠二居南，盛稻粱。簠之南为二笾二豆，左边为二笾，盛形盐与槀鱼，上下排列，右边为二豆，盛韭菹与醓醢，也是上下排列。簋之左为六笾，上下两排，枣、榛、菱为一行，居上，栗、芡、鹿脯为一行，居下。簋之右为六豆，上下两排，菁菹、芹菹、筍菹为一行，居上，鹿醢、兔

神位

帛

爵　　　　　爵

爵

| 铏（和羹） | 登（太羹） | 铏（和羹） |

| 簋（稷） | 簋（黍） |

| 豆（筍菹） | 豆（芹菹） | 豆（菁菹） | 簠（粱） | 簠（稻） | 笾（枣） | 笾（榛） | 笾（菱） |

| 豆（鱼醢） | 豆（兔醢） | 豆（鹿醢） | 豆（韭菹） | 笾（形盐） | 笾（栗） | 笾（芡） | 笾（鹿脯） |

| 豆（醓醢） | 笾（槀鱼） |

豕　　　　　　　羊

牛

烛　　烛　　烛　　烛

祝　板

烛　香　烛

宁远文庙释奠至圣位前祭品祭器陈设图（据民国《宁远县志》绘制）

醢、鱼醢为一行，居下。笾、豆之南为俎，中间俎盛牛，左边为羊，右边为豕。俎之南为香烛案。

四配案前：四配位东、西向，前各一坛，共四坛。每坛式近神位前设帛一，次爵一，再次为登一，盛太羹。登之南左右为簠，左边簠盛黍，右边簠盛稷。簠之南为六笾六豆，左边为六笾，近簠处形盐、栗、菱为一行，下一行摆放枣、鹿脯、菓鱼；右边为六豆，上行摆放菁菹、芹菹、笋菹，下行摆放鹿醢、兔醢、鱼醢。笾豆之南设俎，盛羊、豕，羊居左，豕居右。俎之南，放祝板、香、烛于案。

哲位案前：宁远县志记载的是十哲祭品陈设图。东五位共祭一坛，西五位共祭一坛。每坛式设帛一，次爵一，再次为铏一，盛和羹。铏之南左、右为簠簋，分别盛黍、稷。簠簋之南为四笾四豆，左边为四笾，分别是栗、枣、形盐、鹿脯摆放成一行；右边为四豆，分别摆放菁菹、芹菹、鹿醢、兔醢。笾豆之南摆放牲，东西哲共用豕二，每豕分作五分用方木盘盛置于案。豕之南设香烛案，摆放香烛。

先贤先儒案前：宁远文庙两庑先贤先儒四位共一案，东庑十二案，西庑十二案。每庑各帛一，置于中间另设的几桌上，几桌上还设香烛。每案设爵四，次以簠簋各一，分盛黍、稷。簠簋之南为四笾四豆，左四笾列栗、枣、形盐、鹿脯，右四豆列菁菹、芹菹、鹿醢、兔醢。笾豆之南摆放牲，东庑用豕一，解为四十八分，西庑用豕一，解为四十七分，分别用木盘盛于案。豕前为烛案，设烛二。

名宦、乡贤祠祀各用豕一、羊一、帛一、爵三，杂以果品。

至聖位前陳設圖

至圣位前陈设图[1]

---

[1] 民国《宁远县志》卷第六《祠祀下》。

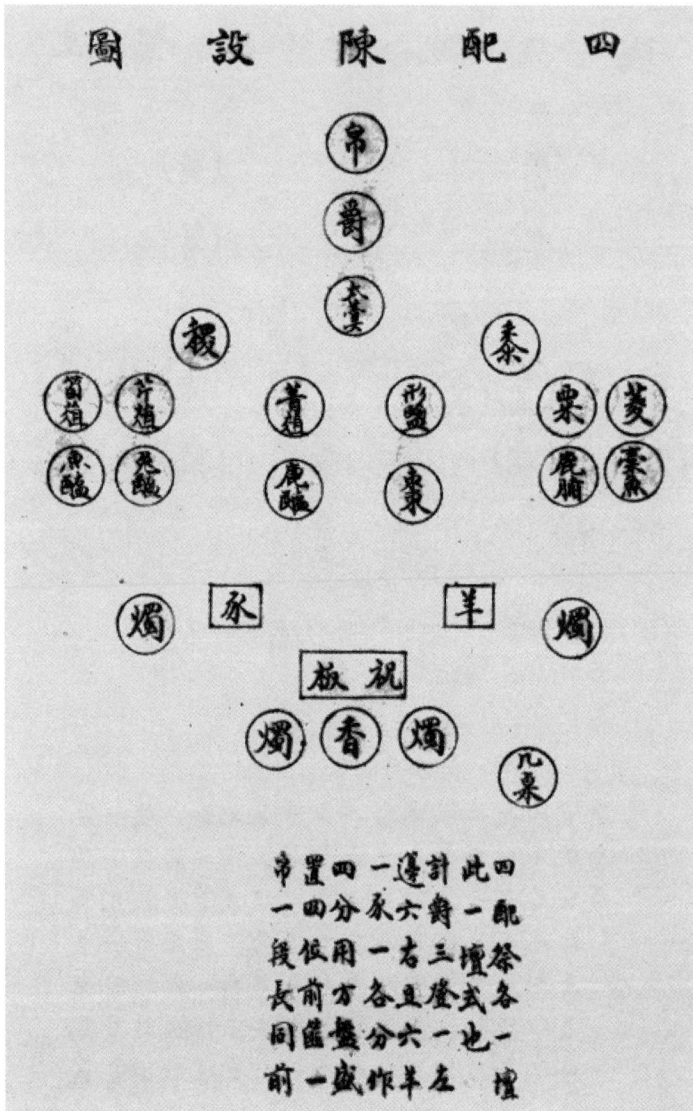

四配位前陈设图[1]

① 民国《宁远县志》卷第六《祠祀下》。

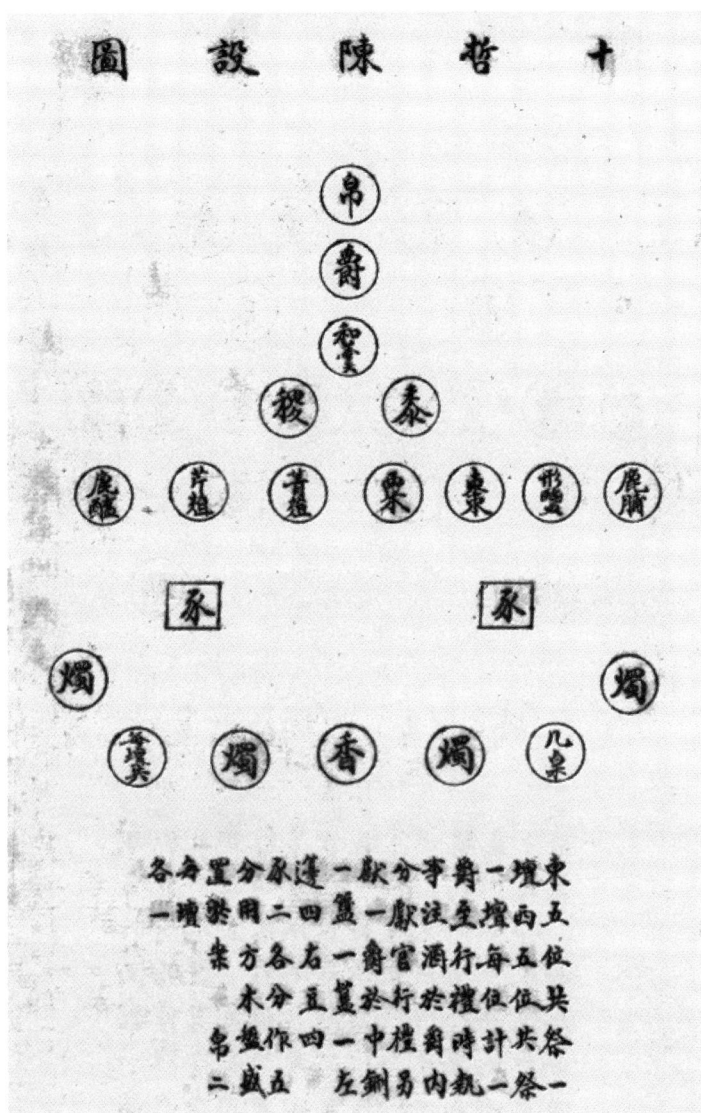

十哲位前陈设图[1]

① 民国《宁远县志》卷第六《祠祀下》。

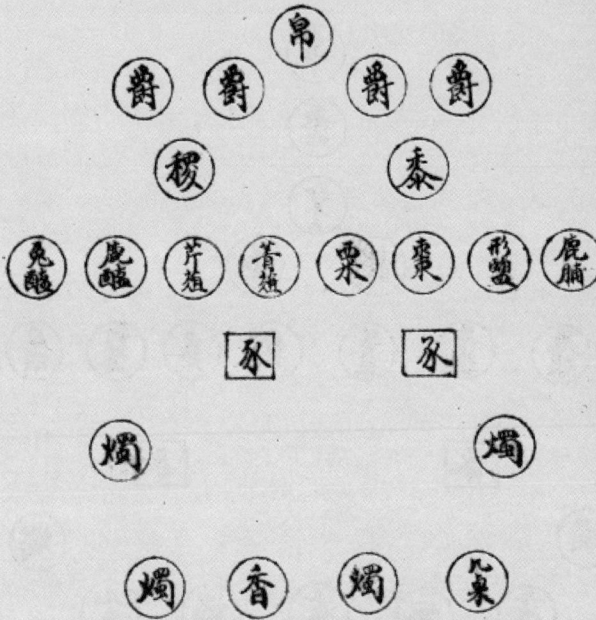

先贤、先儒位前陈设图①

① 民国《宁远县志》卷第六《祠祀下》。

文庙祭祀乐舞：
礼乐歌舞融于一体

儒家主张礼乐治国，统治者制礼行乐，文庙则成为推行礼乐教化的代表场所。纵观整个文庙释奠仪式，礼、乐、歌、舞融于一体，乐、舞成为文庙释奠过程不可或缺的环节，表面上看是乐舞辅助行礼，实则与行礼一样，是释奠不可或缺的一环。

祭祀音乐

现存最早记载祭祀孔子用乐的文献，是《后汉书·孔僖传》，其中载东汉章帝元和二年（85年）春，"帝东巡狩，还过鲁，幸阙里，以太牢祠孔子及七十二弟子，作六代之乐"①，《宁远县志·祠祀》中亦是如此记载。也许祭孔早已用乐，而只是缺载。然而，后世大部分人则以此为祭孔用乐的起始。自此之后，历代祭孔用乐已成常事，文献也多有记载。南朝时，释奠音乐发展成不仅有乐曲，还有了专门的歌词。隋朝开始，历代朝廷还会为文庙制定专门的乐曲和

①《后汉书·孔僖传》。

歌词。

在各地方文庙释奠用乐的历史上，唐代尚无用乐的例子，宋代部分文庙有记载。宁远县学文庙未见有关唐宋元时期释奠用乐的记载。明清时期，地方释奠礼乐与国学相同，乐、舞才真正遍及各级学校文庙释奠。

关于宁远文庙释奠用乐，记载下来的主要是清代的。宁远首创县志在明万历年间，现已不全。余下县志多为清代编写，所记载的则多为清代的文庙祭祀制度。民国所编县志所录文庙释奠乐章则为明代所制。

清嘉庆时编的《宁远县志》"祭仪"中有载宁远文庙释奠音乐，乐章六首，迎神奏《咸平》，初献奏《宁平》，亚献奏《安平》，终献奏《景平》，撤馔奏《咸平》、送神奏《咸平》。此释奠乐章为顺治年间颁布。清朝乐曲名称以"平"字命名，有颂清朝"削平寇乱以有天下"之意。

记载歌词六首则分别是：

迎神时，"大哉孔子，先觉先知。与天地参，万世之师。祥征麟绂，韵答金丝。日月既揭，乾坤清夷"。

初献时，"予怀明德，玉振金声。生民未有，展也大成。俎豆千古，春秋上丁。清酒既载，其香始升"。

亚献时，"式礼莫愆，升堂再献。响协鼓镛，诚孚罍甒。肃肃雍雍，誉髦斯彦。礼陶乐淑，相观而善"。

终献时，"自古在昔，生民有作。皮弁祭菜，于论斯乐。惟天牖民，惟圣时若。彝伦攸叙，至今木铎"。

撤馔时，"先师有言，祭则受福。四海黉宫，畴敢不肃。礼成告徹，毋疏毋渎。乐所自生，中原有菽"。

送神时，"凫绎峨峨，洙泗洋洋。景行行止，流泽无疆。聿修祀事，祀事孔明。化我蒸民，育我胶庠"。[1]

① 嘉庆《宁远县志》卷之四《学校志·祭仪》。

此释奠歌词选自孔尚任创制的《大成乐章》，为清乾隆年间颁布使用。但乾隆时期，将乐曲名称改为了迎神奏《昭平》，初献奏《宣平》，亚献奏《秩平》，终献奏《叙平》，徹馔奏《懿平》，送神奏《德平》。

1942年所编写的《宁远县志》载文庙释奠仪注，迎神乐奏咸和之曲，奠帛初献乐奏宁和之曲，亚献乐奏安和之曲，三献乐奏景和之曲，撤馔、送神、望燎乐，奏咸和之曲。配套的歌词则为：

（迎神，奏咸和之曲）大哉孔子，圣道尊崇。维持王化，斯民是宗。典祀有常，精纯并隆。神其来格，於昭圣容。

（奠帛）自生民来，谁底其盛。惟师神明，度越前圣。粢帛具陈，礼容斯称。黍稷非馨，惟神之听。

（初献，奏宁和之曲）大哉圣师，实天生德。作乐以崇，时事无斁。清酤惟馨，嘉牲孔硕。荐修神明，庶儿昭格。

（亚献，奏安和之曲，终献，奏景和之曲，词同。）百王宗师，生民物轨。瞻之洋洋，神其宁止。酌彼金罍，惟清且旨。登献维三，於戏成礼。

（撤馔，奏咸和之曲）牺象在前，俎豆在列。以享以荐，既芬既洁。礼成乐备，人和神悦。祭则受福，率遵无越。

（送神，奏咸和之曲）有严学宫，四方来雍。恪恭祀事，威仪雝雝。歆兹维馨，神驭还复。明禋斯毕，咸膺百福。[①]

以上乐章实为明代所颁。民国时期，文庙遭受重创，释奠礼荒废。地方文庙更是极少真正举行释奠。县志所录释奠仪并不能反映当时真实的祭祀场景，而只是抄录于前代。

关于乐器，即奏乐之器。清嘉庆《宁远县志》记载宁远文庙释奠使用如下乐器："锺（钟）一、堵磬一、堵琴六、瑟三、凤箫一、簌一、埙一、应鼓三、博拊鼓三、萧四、笙

① 民国《宁远县志》卷第六《祠祀下》。

六、笛六、柷一、敔一、楹鼓一、鼗鼓一。"民国《宁远县志》录释奠乐器有：柷、敔、琴、瑟、钟、磬、埙、篪、箫、凤箫、笙、横簧、搏拊鼓、应鼓等，但未记录数量。

乐器主要用金、石、丝、竹、匏、革、木、土八种材料制成，因而又统称八音之器。以上所列乐器，钟为金质乐器，磬为石质乐器，琴、瑟为丝质乐器，箫、篪、笛为竹质乐器，笙为匏质乐器，鼓为革质乐器，柷、敔为木质乐器，埙为土质乐器。每一件乐器在释奠过程中都发挥着不可替代的作用，《尚书》中描述为"八音克谐，无相夺伦，神人以和"，各类乐器相互配合，才能奏出优美的乐章。

现文庙释奠乐谱有宋、元、明、清和民国的还保存着，此前的乐谱则不存。但宁远文庙释奠乐谱、乐器都没有见到保存下来的实物。

祭祀舞蹈

宁远县学文庙自创建以来，释奠使用舞蹈基本是六佾舞。当文庙释奠升为大祀时，中央官学文庙用八佾舞，作为地方官学的宁远文庙按规定也是使用六佾舞。在古代，佾舞分为八佾舞和六佾舞。八佾舞为帝王专用的舞蹈，分8行8列排列，共64人；六佾舞则是用于低一级的诸侯宰相，分6行6列排列，共36人。从全国来看，自南朝齐永明三年（485年）始定孔子庙释奠用六佾之舞后，除个别时段外，大部分时期文庙释奠基本都用六佾舞。

文庙释奠的舞蹈还有文舞和武舞之分。武舞最先用于释奠礼，跳舞时执干戚（干指盾牌，戚指斧子）。文舞又称羽舞，所用舞具为籥与翟。后代文庙祭祀时或是文武并用，或是仅用文舞，或是有乐无舞。祭祀舞蹈贯穿于祭祀的全过程，但是并不是每个祭祀程序都有舞蹈。清嘉庆十七年《宁远县志》记载，祭祀在初献、亚献、终献时有舞，其他环节则没有舞。

唐宋时期，文舞、武舞并行，先文舞，后武舞。宋代还专为释奠孔子创作了舞蹈，文舞名"天纵将圣之舞"，武舞名"无思不服之舞"。金元时期，有乐无舞。明代至清末仅用文舞，成化十三年（1477年），升孔子祭祀为大祀，国学祭祀舞改为八佾，但郡县仍为六佾。嘉靖九年（1530年），厘正祀典，各级文庙皆用六佾舞。清代各级文庙也沿用六佾舞。直到光绪三十二年（1906年），升释奠孔子为大祀，恢复文、武舞并用，民国时期承袭，但释奠并没有真正举行过几次。

现文庙释奠舞谱仅存有明、清和民国三个时期的，此前的舞谱则都已遗失。宁远文庙未保存相关舞谱。

乐　舞　陈　设　之　图

			至师		东配
	西配		圣孔		
			先子		

	歌工三				
	敔一				

搏拊鼓一		瑟一	位	瑟一		搏拊鼓一
麂一	埙二	箫三	琴三	琴三	箫三	埙二	麂一

香案

笙三	管三	笛三	笛三	管三	笙三

编磬一		编钟一
应鼓一		应鼓一
持旌节一		持旌节一

门

舞	舞	舞	舞	舞	舞
舞	舞	舞	舞	舞	舞
舞	舞	舞	舞	舞	舞
舞	舞	舞	舞	舞	舞
舞	舞	舞	舞	舞	舞
舞	舞	舞	舞	舞	舞

宁远文庙释奠乐舞陈设图（据民国《宁远县志》绘制）

文庙祭祀服饰：
祭服整齐划一

文庙祭祀纳入国家礼制祀典，因而其中所奉祀人物及祭祀人物的服饰则皆受到礼制的严格要求，人物因不同的等级而有不同的服饰。

奉祀人物服饰

唐朝以前奉祀人物的服饰已难考证。明嘉靖九年（1530年），厘正文庙祀典，撤除塑像，改易木主，仅曲阜孔庙保留了塑像，其他文庙则遵照命令撤去塑像易以木主。现存文庙中奉祀人物的塑像大多为当代人重塑。

孔子服饰

唐初，孔子服饰为司寇冠冕。唐玄宗开元二十七年（739年），追谥孔子为"文宣王"，孔子的服饰为王者冕服。宋代，孔子的服饰先为上公之服、而后又采用宋代服饰，最后为周代冕服，冕十二旒，服十二章，执镇圭，用天子礼服，后沿用成为定制。

其他人物服饰

配祀人物的服饰，于唐开元二十七年（739年）改为冕服，而从祀先儒不知为何服饰。宋初，孔子弟子七十二贤人以及先儒依据爵位等级着朝服，用宋代服饰。崇宁三年（1104年），七十二贤随孔子服饰改为周代冕服，而先儒未有变动。文庙崇圣祠为明嘉靖九年（1530年）增添，所奉祀人物都为木主，没有服饰。

祭祀人物服饰

文庙释奠行礼过程中，为示庄严崇敬之意，祭祀人员都要穿特定的祭服，特别是献官。历朝历代释奠服饰制度不一，祭服样式也不一样。国学释奠祭服一般为官造，所以保证了释奠服饰的整齐划一。州县则自造，因地方财力悬殊或是执行不严，释奠服饰则会出现违礼现象，如服饰不统一，祭服为常服等。

唐开元二十一年（733年）朝廷命令刺史、县令主祭孔子，朝廷按祭祀制度颁给明衣。宋崇宁四年（1105年）朝廷专门制定祭服制度，并且颁给州县祭服。祭祀孔子一律得用法服行礼。其他陪祀官可统一着公服，学生着儒服。

文庙祭祀仪式：
高度程式化

关于释奠仪注的记载，现存较早的有《大唐开元礼》，其中规定，释奠礼行三献，读祝，祭品用牲牢，祭器有笾豆簠簋，有奏乐和舞蹈等，后代祭孔大都以此为基准，虽有损益，但变化不大。为统一释奠仪式，朝廷还专门制定释奠礼仪颁行天下。但各朝各代各地各级文庙在执行祭祀礼仪时，不可避免会出现些微的不同，或是因为条件限制而出现不规范之处。

宁远文庙于每年春秋仲月上丁日，也就是夏历每年二月和八月的第一个丁日举行释奠。行三献礼，以县令为初献，县丞为亚献，以主簿或县尉为终献。

清嘉庆《宁远县志》载"祭仪"如下：

更衣　分献、陪祭各官，朝服入两旁门。

盥洗　赞引官赞"导承祭官至盥洗处"，盥手毕，引至台阶下立。

就位　典仪唱"乐舞生就位，执事官各司其事，分献官、陪祭官各就位"。赞引官赞"就位",承祭官就拜位立,分祭官随后立。

迎神 典仪唱"迎神"。(唱)"举迎神,乐奏咸平之章",无舞。"大哉孔子,先觉先知。与天地参,万世之师。祥征麟绂,韵答金丝。日月既揭,乾坤清夷。"乐作。赞引官赞"跪,叩,兴",承祭官、陪祭官、分献官,俱行三跪九叩首,礼乐止。

初献 典仪唱"奠帛,行初献"。(唱)"举初献,乐奏宁平之章",有舞。"予怀明德,玉振金声。生民未有,展也大成。俎豆千古,春秋上丁。清酒既载,其香始升。"乐作。赞引官赞"升坛",导承祭官由东阶上,进殿左门。

赞引官赞"诣至圣先师孔子位前",承祭官至案前立。赞引官赞"跪,叩,兴",承祭官行一跪一叩首礼。赞引官赞"奠帛",捧帛官以帛跪进,承祭官接帛,捧,举,立,献毕。赞引官赞"献爵",执爵官以爵跪进,承祭官接爵,拱,举,立,献毕,行一跪一叩首礼,兴。赞引官赞"诣读祝位",承祭官诣读祝位立,读祝官至祝案前一跪三叩首,捧祝版立于案左,乐止。赞引官赞"跪",承祭官、读祝官、分献官、陪祭各官,俱跪。赞引官赞"读祝"。祝文(部颁):"惟先师德隆千圣,道冠百王。揭日月以常行,自生民所未有。属文教昌明之会,正礼和乐节之时。辟雍钟鼓,咸格荐以馨香;泮水胶庠,益致严于笾豆。兹当(春秋)仲,祗率彝章,肃展微忱,聿将祝典。以复圣颜子、宗圣曾子、述圣子思子、亚圣孟子配,尚飨!"读毕,捧祝至正位前案上,跪,安帛匣内三叩首,退,乐作。赞引官赞"叩,兴",承祭官及各官行三叩首礼,兴。

赞引官赞"诣复圣颜子位前",承祭官就案前立。赞引官赞"跪,叩,兴",承祭官行一跪一叩首,兴。赞引官赞"奠帛",捧帛官跪进,于案左,承祭官接帛,捧举立献案上。赞引官赞"献爵",执爵官跪,进于案左,承祭官接爵,捧举立献案上,行一跪一叩首礼,兴。

赞诣宗圣曾子位前如前仪赞诣。述圣子思子位前如前仪赞诣。亚圣孟子位前如前仪。其十哲、两庑,分献官俱照前仪行礼毕。赞引官赞"复位",承祭官、分献官仍诣至圣先师位案前立,乐止。

亚献　典仪唱"行亚献礼"。(唱)"举亚献,乐奏安平之章",有舞。"式礼莫愆,升堂再献。响协鼓镛,诚孚罍甒。肃肃雍雍,誉髦斯彦。礼陶乐淑,相观而善。"乐作。赞引官赞"升坛",献爵于左,如初献仪。赞引官赞"复位",承祭官、分献官各复位,立,乐止。

终献　典仪唱"行三献礼"。(唱)"举三献,乐奏景平之章",有舞。"自古在昔,生民有作。皮弁祭菜,于论斯乐。惟天牗民,惟圣时若。彝伦攸叙,至今木铎。"乐作。赞引官赞"升坛",献爵于右,如亚献仪。赞引官赞"复位",承祭官、分献官各复位,立,乐止。

饮福受胙　典仪唱"饮福受胙"。赞引官赞"诣受福胙位",承祭官至殿内立,捧酒胙,官二员捧至正位案前,拱举至饮福受胙位右旁,跪,接福胙,官二员左旁跪。赞引官赞"跪",承祭官跪。赞"饮福酒",承祭官受爵,拱举,授接爵官。赞"受福胙",承祭官受胙,拱举,授接胙官。赞引官赞"叩,兴",承祭官三叩首,兴。赞"复位",承祭官、分献官及陪祭各官俱行三跪九叩首礼，兴。

撤馔 典仪唱"撤馔"。（唱）"举撤馔，奏咸平之章"，无舞。"先师有言，祭则受福。四海黉宫，畴敢下肃。礼成告徹，毋疏毋渎。乐所自生，中原有菽。"乐作。徹讫乐止。

送神、望燎 唱"送神"。（唱）"举送神，乐奏咸平之章"，无舞，望燎同。"凫绎峨峨，洙泗洋洋。景行行止，流泽无疆。聿修祀事，祀事孔明。化我蒸民，育我胶庠。"乐作。赞引官赞"跪，叩，兴"，承祭官、分献官及陪祭各官皆行三跪九叩首礼，兴，捧祝、帛、馔，各诣燎位，望燎，礼毕。①

民国《宁远县志》录释奠仪注则如下：

祭前一日 凡祭前一日，执事者设香案牲房外，献官常服诣省牲所省牲，宰牲，盛毛血少许于盘。是日，观乐习仪斋宿。

祭日 及期，质明，鼓三严。

就位 通赞唱"乐舞生就位，执事者各司其事"。次唱"陪祭官各就位，分献官、正献官以次就位，赞引引正献官"。

瘞毛血 通赞唱"瘞毛血"。执事者以毛血瘞于坎。

迎神 通赞唱"迎神"。舞生执羽籥，麾生举麾，击柷，乐奏咸和之曲，奏毕，正献官同陪祭官四拜讫，乐尽，麾生偃麾，栎敔止乐。

初献 通赞唱"奠帛，行初献礼"。捧帛者各捧帛，执事者各执虚爵（赞引至正献官前）。赞诣盥洗所，盥毕，诣酒樽所，司樽酌酒，执事者各以次执虚爵受酒同，捧帛者在正献官前分两行由中间入序于神案之侧，朝上立，赞引导正献官从左门入。诣至圣前。麾生举麾，击柷，乐奏宁和之曲。跪，奠帛献爵，俯伏，平

① 嘉庆《宁远县志》卷之四《学校志·祭仪》。

身。诣读祝位，位设于中，香案前。麾生偃麾，乐暂止。众官跪。读祝文。读毕。俯伏，兴，平身。读祝者仍将祝文跪至于香案上。麾生举麾，乐生接舞，奏先未终之乐。诣颜子前。跪。奠帛献爵，毕，俯伏，兴，平身。诣曾子、子思、孟子位俱同前仪。献毕。

行分献礼。各献官诣盥洗所。盥毕。诣酒樽所酌酒。诣东西哲、东西庑神位前，俱跪，奠帛献爵，献毕，乐止，俱俯伏，兴，平身，复位，乐尽，麾生偃麾，柷敔止乐。

亚献 终献 行亚献礼，如初献礼，但亚献奏安和，三献奏景和，无迎尸以下诸事，故礼止三献，乐止跪。

饮福受胙 饮福受胙毕。俯伏，兴，平身，复位。鞠躬，拜，兴，二平身，各官拜讫。

撤馔 通赞唱"撤馔"。麾生举麾，击柷，乐奏咸和之曲。执事者稍动笾豆，司节引舞生序立。乐尽，麾生偃麾，柷敔止乐。

送神 通赞唱"送神"。麾生举麾，击柷，乐奏咸和之曲。鞠躬，拜，兴，四平身，各官拜讫。乐尽，麾生偃麾，柷敔止乐。

望燎 读祝者捧祝，进帛者捧帛，各诣燎所，望燎。麾生举麾，击柷，乐奏咸和之曲。捧祝帛者诣望燎位，正献官、分献官、陪祭官至瘗所，祝一、帛一，段数至九段，焚讫。乐尽，麾生偃麾，止乐。礼毕。[1]

从以上宁远文庙不同时期释奠仪式的记录可知，"迎神、初献、亚献、终献、送神"是固定仪式，查阅其他文献所记载的释奠仪式亦是如此，千百年来未有变动，各时期不同之处仅是附着其上的细枝末节。文庙释奠礼仪，经过历代发展完善，至清代已是一套高度程式化的礼仪程序。

[1] 民国《宁远县志》卷第六《祠祀下·仪注录》。

宁远文庙的学校教育

04>

文庙的学生：主要来源于民间子弟

文庙的教师：主要由政府选派

文庙的教学：培养国家所需人才

文庙的管理：体现国家意志

《文献通考·学校考七》记载，唐高祖武德七年（624年）"诏诸州县及乡，并令置学"。《新唐书》又记载，唐贞观四年（630年），"诏州、县学皆作孔子庙"。依据各时期《宁远县志》记载，宁远文庙"创自唐"，即创办于唐代，属于地方官学中县一级的学校。由上可知，"庙学合一"的学校机构，即文庙，自唐朝时开始了走向全国之路。宁远文庙应大势所趋，成为"庙学"制的实施机构，被纳入国家官学体系之中，其学生的入学、类别、待遇、考试、升黜、结业出路，教师的招聘、待遇、考核、升迁，以及教学内容与教材、教学设施、管理、学规、办学经费等都遵循国家和地方政府的统一规定和管理，与全国其他地方的官办学校有很大的共性。

文庙的学生：
主要来源于民间子弟

学生，即生员，也称诸生。各级官办学校学生有员额限定，须经过各级考试选拔才能入选。有廪膳生、增广生、附学生之分。宁远文庙的学生也是如此。

学生入学资格与名额

唐朝时期已按定额招收学生入学。中央官学招生规定，凡是有品阶的官员，其子孙后代都能进入相应的学校接受教育。地方官学的生源主要是小官吏及民间的子弟。宁远文庙作为地方县学，其学生主要来源于民间。

据《新唐书·选举志》记载，唐初，上县置学生四十人，中县三十人，下县二十人，后定员为京县学五十人，上县学四十人，中县、中下县三十五人，下县二十人。宁远县学作为边远地区的小县，只招收生员（学生）二十人。若招生不满定额，则由"州县长官补，长史主焉"，即由地方长官设法招满。地方教育的水平作为考核地方长官政绩的条件之一，不过这也导致某些地方官员为显示政绩，强迫士民子弟入学。

唐代盛时，全国学生达到63070人。①而"安史之乱"后，地方官学则普遍荒废。此外，入学者要交一定的学费，称为纳"束脩"之礼，如"各绢一匹"。北宋初期，朝廷没有大力兴办地方学校，若地方官热心办学、重视文教，则学校兴。宁远县学即是属于此种情况。从各时期《宁远县志》记载可知，宁远"文庙创自唐，在汉泠道旧县治，东五十里，宋乾德间改县宁远，迁于今所建学宫于县治西南二十余步，巽水环绕其前"，文庙迁至新址的宋乾德年间，正是北宋初建年代，统治者依然忙于统一战争，根本无暇顾及地方学校教育，若不是地方官民热心学校教育，迁建文庙、兴办学校那是很难实现的。

宋朝，招收学生没有人数限制，而"廪膳生"即可享受官方供给膳食的学生的人数有定额，通过考试排名先后，确定是否为廪膳生。庆历四年（1044年），开始定地方官学招生标准。据《宋会要·崇儒》载："初入学人，须有到省举人二人委保，是本乡人或寄居已久，无不孝不悌逾滥之行，及不曾犯刑责，或曾经罚赎而情理不重者，方得入学。"即学生入学前需要有人作保，还要考察德行。次年又诏，"天下见有官学州县，自今只许本土人听习。若游学在外者，皆勒归本贯"。就是说，学生籍贯是哪就回哪上学，而不能异地入学。发展至北宋崇宁元年（1102年），宰相蔡京奏请"天下诸县皆置学，令、佐掌之，学置长、谕各一人"②，县学才稍受统治者重视。崇宁三年（1104年），增加廪膳生为大县五十人，中县四十人，小县三十人，后因经费吃紧而作罢。

元朝时普遍兴办了地方学校，民众按从业性质被分成不

①《新唐书·选举志》。
②《宋会要辑稿·崇儒二》。

同的户籍，其中儒户的子弟是一定要入学的。据胡务在《元代庙学》一书中介绍：儒户是以学习儒家理论为职业并在税收、差役方面享受国家优待的家庭，是元代特有的一种户籍。儒户唯一的义务即是就学，以便在考选官吏时参加考试。这种就学的义务是世袭的。据《明史·选举》记载，大德十年（1306年）令，"在籍儒户不遣子入学，别习他业，量事轻重，申各处提调官究治"。意思是说，在籍儒户的子弟，不允许转业，而一定要入学校学习儒学，否则，根据情节轻重追究治罪。

明清时期，科举取士必经由学校，地方官学为科举预备场所，招生逐渐制度化。学生在未考取生员资格之前，都称为"童生"。"士子未入学者，通谓之童生。"[1]据《明史·选举》载，洪武初，定"生员之数，府学四十人，州县以次减十"，即确定府、州、县学生员名额，宁远县学文庙按定额只能招收20名生员。学生来源，"听于民间选补"[2]，即从民间子弟中选拔。洪武二年（1369年），钦定学校规章中有生员入学定例："凡各处府、州、县，责任守令，于民间俊秀及官员子弟选充。必须躬亲相视人才俊秀、容貌整齐、年及十五之上、已读《论》《孟》四书者，方许入学。"[3]即入学学生还需相貌端正，年龄在15岁以上，已经读了《论语》《孟子》等"四书"的。明初，虽然定下了学生的招收数额，但不久就指示可以扩招，扩招的名额没有限定。据《明史·选举》载，"生员虽定数于国初未几，即命增广，不拘额数"。宣德三年（1428年），开始规定扩招学生的数量。"宣德中，定增广之额，在京府学六十人，在外府学四十人，州、县以次减十。"宁远县学文庙按照规定，可扩招学生20人。而据《明会典·学校》载，正统十二年（1447年）规定，

---

[1]《明史·选举》。
[2]《明会典·学校》。
[3] 光绪《顺天府志》卷六十二。

"生员常额之外，军民子弟愿入学者，提调、教官考选俊秀，待补增广名缺"。即学校又进一步扩招，凡是愿意入学就读的，只需通过考选，就可入学，称为"附学生员"。

而发展到明朝后期，学校招生又规定了数额，导致招生人数大减。据《明会典·学校》载，万历三年（1575年）敕谕，禁止地方长官干预录取生员，并强调"童生必择三场俱通者，始收入学。大府不过二十人，大州县不得过十五人。如地方乏才，即四五名亦不为少"。大州县学的招生人数不得超过15人，宁远县学作为一地小县学，所能招收的学生人数就更少了。明末，官方学校招收学生进一步紧缩，这与国力的衰微大有关系。

清代因袭明制，但府州县学招生考试制度详密，各地学校每届录取生员也有名额限定。未入学的读书人，不论年龄大小，均称童生（亦称文童）。《清会典·仪制清吏司八》载，童生的入学考试与府、州、县学的岁试、科试同时举行。童生须"以同考五人互结，廪生认保出结"。报考时要严格按照规定格式"亲填年貌、籍贯、三代、认保姓名，并各结状粘送府、州、县。试毕，造册申送学政"。《清会典事例·礼部九十七》载，"童生入学，乃进身之始"，须严加考核，审定资格，方准收试。过去被黜退的生员，如不属品行恶劣者，经提调官批准，也可与童生一体收考。"每府各州县关会一日同考，府试亦汇齐一日，以防重冒。"录取按入学定额，县考取二倍，府考取一倍。"录取已定，册报名数，榜示童生。"康熙三十九年（1700年）议准，府州县考取童生，不必限数。乾隆三十二年（1767年）议准，今后府州县试，不得委令教官阅卷，也不得聘请本地书院院长及他省流寓之人阅卷。

清代各府、州、县学录取文童为附学生员有确定名额。《清会典·仪制清吏司六》载,顺治四年(1647年)定,各地儒学视人口多少、文化优劣,分为大、中、小学,取进童生,大学四十名,中学三十名,小学二十名。顺治十五年(1658年),定为大府二十名,大州县十五名,小学四五名。康熙九年(1670年)又定大府二十名,大州县十五名仍旧,中学十二名,小学七八名。

县志载宁远文庙的学额:"县自前明崇祯十二年(1639年)分设新田县后为中学,廪膳生员二十名,增广生二十名,间岁输贡一人,旧制遇卯酉年分选贡一人。今遇酉年则选岁科试额入附生十二名,拨入府学者二三名不等。岁试武生额亦然。唯新籍无武生,岁科试旧额入三名。乾隆三十六年(1771年),学宪褚延璋以宁邑新籍学优文蔚,与民籍无异,限于额遗珠甚多,特奏蒙。恩广额二名,自后,额入五名矣。"[1]可见,宁远文庙的入学资格和生员数量都是依照中央的统一规定。

学生类别与待遇

《明史·选举志》载:"府、州、县学诸生入国学者,乃可得官,不入者不能得也。"即读书人以通过科举作官为正途,但也可以通过国子监作官。根据来源的不同国子监生被分为四类:举人未中会试而入学者为举监;地方官学生员(秀才)被贡举入学者为贡监,分为岁贡生、选贡生、恩贡生和纳贡生;官员或有功之人的子弟入学者为荫监,分别称为官荫生和恩荫生;缴纳钱财获得入学资格者为例监。各类监生在校待遇没有明显区别,学业完成后则要根据各自身份

① 嘉庆《宁远县志》卷之四《学校志·学额》。

授以相应的官职。明初国子监生待遇优厚，不仅本人可免除差徭，其家人还可有二人优免差役。

给予地方官学学生各种优待，以鼓励并保证学生就学的政策，始于西汉文翁主政蜀郡时。《汉书·文翁传》载，文翁于成都办蜀郡学，凡入学的学生均"为除更徭"，即免除他们服徭役的负担。不仅如此，文翁还经常挑选学生到官衙参与处理日常政务，逢外出巡视时，以学生为随从，出入于衙门内外，"使传教令"。有意使吏民看到当官学学生的荣耀，从而倡导敬学、求学之风。此后遂成通例，甚至有惠及家属者。

北宋熙宁四年（1071年），始命诸州置学官，定"赡士"之法，即官学正式学生均可享受官方供给膳食。据《宋史·选举志三》载，宋徽宗时，天下州县并置学，推行三舍法。崇宁三年（1104年）规定："凡州县学生，曾经公、私试者，复其身（免除本人徭役赋税）。内舍免户（全家）役，上舍仍免借借如官护法。"《通鉴长编纪事本末》卷一二六则记载，崇宁四年（1105年）诏："诸州县生徒试补入学，经试终场及自外舍升内舍者，免身丁；内舍仍免借，上舍即依官护法。"供给学生廪膳则有固定"养士"员额，如学粮充裕，可以酌情增额。崇宁三年（1104年）诏："诸路增养县学弟子员，大县五十人，中县四十人，小县三十人。"辽、金、元设学也实施养士。

明初确定，府州县学生员除本人免除徭役外，还"免其家差徭二丁"，即家中可另有两人获免差徭。此外还免田赋二十亩。廪膳生员"日给廪膳"[1]，即每人每日支米二升，柴盐油酱在内。《明会典·学校》载，初定师生廪食月米六斗，后复令日米一升；洪武十五年（1382年）令，廪馔月米

---

[1]《明史·选举志》。

一石；正统元年（1436年）定，师生须在校会馔，为此，官方负责配给膳夫：府学四名，州学三名，县学二名；弘治八年（1495年）定，每名膳夫每年开支柴薪银十两。若师生不行会馔，有关方面失于供应，由提学官究治；嘉靖十五年（1536年）定，廪膳生员父母年老无人照顾，可告请归家奉养，待老人故去后仍可复学。

清代对生员"一应杂色差徭，均例应优免"[①]。地方官不得强令生员充当社长等本地差使，假以族人名义滥充亦不允许。生员享有"衣顶"之荣，地方各衙门须以礼相待。对生员的管理权归属于学政及教官，地方不得插手，生员在校外行为不当亦不例外。"生员所犯有应戒饬者，地方官不得擅自扑责，会同教官，具详学政，于明伦堂戒饬。其所犯应革除者，申详督抚学政，革讯治罪。"[②]顺治十年（1653年）题准，生员犯小事者，府、州、县当局应行文致教官，请教官责罚；有犯大事者，须申报学政，待革去该生的生员名分，黜退为民后，地方官方可将其治罪。如果地方官擅自责罚生员，学政有权纠正并参劾。[③]清代廪膳生员有固定膏火银（灯油费）发给，初每月给银一两，为每年九两六钱。顺治十三年（1656年），裁减三分之二，每生每年仅得银三两二钱，各学校按定额供给（府学四十名，州学三十名，县学二十名）。学校另有学田收入者，主要用以周济增广、附学成员中的贫生。对生员中的贫乏者，官方亦予以赈助。"教官确察极贫、次贫，造具细册，于学政按临之日，呈送核实面赈。"[④]

宁远文庙作为地方官办县学，其学生的类别及待遇遵照官方统一规定，有不同类别的学生进入文庙学习并享有不同的待遇。

---

① 《清会典·仪制清吏司六》。
② 《清会典·仪制清吏司六》。
③ 《清会典事例 礼部九 | 四》。
④ 《清会典·仪制清吏司六》。

学生的学习、考试与升黜

宁远县学文庙推行儒学教育，学生学习的内容主要是儒家经典。有各门儒经，如《诗》《书》《礼》《易》《春秋》等。学生在校学习年限一般没有规定，以通过考选、贡举而升学或为官视为结业，不然可一直在学校到老。另一方面，学生只要有才能，能通过选拔考试，即使入学学习时间很短，也能结业为官。对学生入学学习最短时间进行规定始于北宋庆历三年（1043年），规定入学的新生必须在学校听读三百日才能获得参加科举考试的资格，已经参加过科举考试的旧生必须在学校听读一百日才能再次参加科举考试。

学生的考试，是作为检验、督促学生学习的一种手段。学生在学校的主要活动就是上课、考试、评讲，因而考试是学校重要活动之一，大考、小考皆有。若遇到地方长官热心教学者，常亲自进行教授、考查。当然，在科举时代，最让人重视的非国家统一举行的科考莫属。学校、地方进行的考试亦是为科举考试准备。

宋代，学校推行三舍法，分外舍、内舍、上舍三等，以考试成绩高低定学生等次，逐级升迁。宁远文庙作为县学，不分三舍，但依然是以考试成绩校定学生等次。每个季度仲月有教官主持的"私试"，每年有地方当局与学校共同主持的"公试"。成绩优等，则可升入府州学、中央官学或是入仕为官，此则为"学而优则仕"。

明代，规定学校学生专修一经，以礼、乐、射、书、数、律设科分教。宁远县学，教谕掌讲经，训导辅助教授其他各科。学生学习儒经，务必知孝悌忠信、礼义廉耻，通晓古今、识达时务。学习其他科，则要求谙习古今礼典，知音律，能射弓，能书字，能算法，通晓行令。一般每天清晨学习明经史，学律。饭后学习书写、礼、算。未时（13:00—15:00）学射弓弩，教使用兵器，所以明代的学校，于后设一射圃，是为了教学生习射。学了这些科目，学生若有余暇时间，可自行安排学习其他。地方长官每月对学生进行考核，观其进退揖拜之节，听其语言应对之宜，讲通大义，问难律条，试其处决。讲礼通古义，写字不拘格式，审音详所习之乐，观射验其臂力、又能中的，稽数明其乘除，口手相应。并且要将考查的结果置立文簿，将学生的表现记录在案，以便后用于综合考查学生情况。

明代学校学生分廪膳、增广、附学三个级别。廪膳生是学校正式的学生，享受国家供给的膳食为津贴。增广生为规定学额之外的学生，其数额与正式学生同。附学生即是在廪膳、增广名额之外，附于学校学习的学生，"于额外增取附于诸生之末，谓之附学生员"。据《明史·选举志》："凡初入学者，止谓之附学，而廪膳、增广，以岁、科两试等第高者补充之。"即凡初入学的学生都称为附学生，入学后，通过考试选拔确定级别。成绩最优者称为廪膳生，次佳为增广生，其他则为附学生。"岁考"由提学官主持，其在任三年，两试诸生，先以六等试诸生优劣：一等前列者，视廪膳生有缺，依次充补。其次补增广生。一、二等皆给赏。三等如常。四等挞责。五等则廪、增递降一等，附生降为青衣。六等黜革。继取一、二等为科举生员，俾应乡试，谓之科考。其充补，廪、增给赏悉如岁试，其等第仍分为六，而大抵多置三等，三等不得应乡试。挞黜者，仅百一，亦可绝无也。按《明会典·学校》载，洪武二十七年（1394年），令"生员入学十年之上，学无成效，送部充吏"。又令"廪膳十年之上学无成效，增广年二十之上不通义理，皆充吏"。天顺六年（1462年）敕谕："生员考试不谙文理者，廪膳十年以上，发附近去处充吏；六年以上，发本处充吏。增广十年以上，发本处充吏；六年以上，罢黜为民；未及六年者，量加决罚，勉励进学。又各处岁贡生员，照例将食粮年深者严加考试，不必会官。如果年深不堪充贡，就便照例罢黜，却将以次者考充务要通晓文理，方许起送赴部。"①但后来罕有实施，除非自愿退学，通常都允许生员滞留学中。

清代，学校学生学习用书都由官方置办。据《清会典·仪制清吏司六》，凡御纂职书，即康熙、乾隆二帝亲自编纂的《四书》及各经、理学、诗文、律书等，由各省依式制版印刷，"并分给各学，存尊经阁，俾士子咸资诵习"。亦允许书坊刊印出售。其他如"《十三经》《二十四史》《三通》诸书，令各督抚购买，给予有尊经阁之府州县，交学官收存，以资诸生诵读"。其中最主要的是《钦定四书文》和《十三经注疏》，要求："各省学官时率诸生与之讲贯，令其熟习。学政考试经解，于御制诸经中摘取先儒异同之处发问，令生童等条对。"②

每日清晨，教谕在讲堂为诸生讲经，后由训导率各生于各斋诵读。晚上诸生就舍诵读，教官不时巡视。每旬逢三、六、九日讲书，作文另有约定日期完成。每月朔望两日，照例赴文庙拜谒先师，并升堂宣讲康熙《圣谕广训》、雍正御制《朋党论》、康熙《训饬士子文》等。学生还要学习礼仪。据《清会典·仪制清吏司六》载："凡教学，必习其礼事。恭遇万寿（皇帝诞辰）、元旦、冬至三大节拜龙牌，及春秋二仲月上丁（即二、八月的第一个丁日）释奠于先师，

---

① 《明会典·学校》。
② 《清会典·仪制清吏司六》。

用赞礼（生）四人，以生员娴于礼仪者充之，并传令优等生员暨贡监等分班陪列行礼。居址稍远者，亦令轮班入城学习行礼。至遇督抚等官到任，及学臣按试祇谒文庙，亦令一体遵行。正月、十月举行乡饮酒于明伦堂，用司爵二人、礼赞二人、引礼二人、读律一人，皆以生员充。教官为司正，豫率诸生习礼。"各府州县文庙设乐舞生，定额为36名，外加4名以备疾病、事故更替之用。所有生员均须参加的是月课、季考及祭祀典礼活动。每逢元旦、端午、重阳、冬至放假。

学生每月有月考、每季有季课，面试在《四书》中选题作一篇文章，作一首排律诗，或写一篇策论。或间月，或每季，试以《五经》疑义及史策。均衡定等次，及取列优等之试卷，按季汇送学政备查。月课的内容还包括集诸生于明伦堂，诵《训饬士子文》及卧碑诸条。后欠考现象日趋严重，"迄于嘉庆，月课渐不举行"。

岁试和科试的内容屡有增减。据《清会典事例·礼部九十九》，最初岁试考《四书》文二篇，科试加经文一篇，如冬季考试，则考《四书》文、经文各一篇。雍正六年（1728年）将考试分为两场，"首场《四书》文两篇、经文一篇，二场策一道、论一篇、判一条。两场全佳，再细访其品行端方，应予选拔。首场文艺仅属平通，而策论果能晓畅古今，切中时务，再细访其品行端方，亦准选拔。若策论、品行两无足取，首场文艺纵极优长，亦不准选拔"。乾隆二十三年（1758年）复准，岁试《四书》文、经文各一篇，科试经文、策各一篇，均增五言六韵诗一首，如诗不佳，不得拔取优等。嘉庆十九年（1814年）规定，以后岁、科两试，"均一体敬谨默写《圣谕广训》一二百字。其不能默写者，按其文艺递降等第，及斥置不录"[1]。据《清会典·仪制清吏司六》，考试成绩定为六等："文理平通者列为一等，文理亦通者列为二等，文理略通者列为三等，文理有疵者列为四等，文理荒谬者列为五等，文理不通者列为六等。"诸学生在县学一年，学长、学谕考选行艺，报令、佐审实申州，知、通验实，教授试其文艺，以入州学。①

据《清史稿·选举志一》，考列一等者，无论哪类学生均可补为廪膳生。无廪缺时，附学生以下可先补为增广生；无增缺时，青衣、社学生先定为附学生，原廪、增停降者俱收复，均候补廪缺。考列二等者，增广生补廪膳生，附学生以下均可补为增广生，无增缺时同上，原停停廪降增、增降附者俱复。考列三等者，原停廪者收复候廪，丁忧期满、病愈、事假结束及增降附者俱复，青衣发送社学者复附学生，廪已降增者不准复。凡考一二等者，赏绢纱绒花、纸墨笔，三等前十名赏纸笔、绒花。考列四等者，廪生停止食饩，其名额暂不作缺，限六个月送考定夺。其他学生均扑责示罚，八旗生员停发钱粮。考列五等者，廪生中止资格，其名额作缺，已中止廪生资格者降为增生，增生降为附生，附生降为青衣，青衣发送社学，原廪降增、增降附者照例递降，原发送社学者黜为民。考列六等者，入学不到六年，及廪生十年以上发送社学；廪生六年以上与增生十年以上者均发本处各充吏员，不愿者允许，其余俱黜退为民。实际操作中有关当局总是力求平稳，通常大多数生员列为三等。科试考评升黜同岁试，其中列一二等（加上三等前几名）的生员准送科举乡试。岁试、科试（包括童试在内）具有严格的考场制度及纪律。

岁试、科试还有明确的免考、补考制度。根据礼制要求，士人丁忧（居父母丧）期间必须休学、离任。据《清会

① 《宋会辑稿·崇儒二》。

典事例·学校》载："生员遇本生父母之丧，令其呈明，期年内免应岁、科两考，及举、贡、监生停其乡、会两试，童生亦不许应府、州、县及院试。有隐匿干进者，照匿丧治罪。"关于丁忧及因故请假期满补考及误考的规定，顺治九年（1652年）题准，"凡生员丁父母忧，免其应试。服阕呈学，转详提调官，取师生邻里保结，试以经书论三篇，廪解卷详夺，增、附、青、社径行学起复。国限三月申究，半年廪作旷，增、附递降，一年黜。凡游学、从师、随祖、父之任告假出行者，由学开明事由，呈提调官转详，批允给假，不得误岁考，违者黜。果千里外未能即回，勘明取结具详，限三月补考，再违者黜。凡患病者，提调官取该学及医生具结开报，限三月内补考，违限者青衣径黜，廪停作增，增降附，附降青衣。再违三月皆黜。无故临考不到者黜"。①

宁远文庙各时期学生的学习、考试和升黜，与全国其他同级官办学校遵循相同的规章制度。生员在校学习国家统一颁行的教材，定期参加各大小考试，受统一的考核、升迁制度的规制。

学生的结业出路

古代官学学生入学学习，做官（包括任教官）是其普遍的价值理想追求，即最终的理想出路是做官。正所谓，"学而优则仕"，为学与为官紧密联结。自汉以后历代统治者以儒家思想治世，因而广设儒学，并通过统一考选精于儒学的人才来巩固统治阶层。"朝为田舍郎，暮登天子堂"，也为下层百姓向上层的流动铺设了一条道路。

地方学校的学生学成后，须参加选拔考试，获得优秀者

---

① 《清会典事例·学校》。

或为官，或升学，才视为结业。不然，须继续在学，直到被选拔上。据《文献通考·学校考七》载：唐代地方官学学生"每岁仲冬，州县馆监举其成者，送之尚书省"，参加科举省试。唐开元二十一年（733年）敕："诸州县学生年二十五以下，八品九品子若庶人并年二十一以下，通一经以上，及未通经、精神聪悟，有文词、史学者，每年诠量举送，所司简试，听入四门学，充俊士。"可见，唐朝时有由地方官学升入中央官学的升级制度。故《明史·选举一》言："郡县之学与太学相维，创立自唐始。"地方官学学生参加科举省试不第，如果情愿入四门学学习也可。宁远地区在唐代即有参加科考后获得功名的，下表是民国《宁远县志》所列的这一时期科考进士名单：

唐代宁远县学进士名单一览①

唐进士			
周崇昌　永泰元年己巳	周瑶　永贞元年乙酉	李郃　太和元年丁未	周彦朴　大中何年失考
周崇瑞　大历五年庚戌	周惟简　长庆何年失考	周鲁儒　太和何年失考	周虞宾　大中何年失考

北宋地方官学学生出路大体同唐代。崇宁元年（1102年），州县学校普遍实行三舍法，随后停止科举，专由学校升级取士。据《宋会要·崇儒二》载："诸学生在县学一年，学长、学谕考选行艺，报令、佐审实，申州知、通验实，教授试其文艺，以入州学。"即县学生学成后学校考核合格，由县报州审定，再参加州学的入学考试，升入州学。州学上舍生每两年贡入太学，"自教授考选，推择申州。知州、

① 民国《宁远县志》卷第十三《科第表》。

通判审察，监司覆按。监司、知州、通判连书闻奏，遣赴太学"，随太学上舍试（另立号舍考试）。考中上等者，补为太学上舍中等生；考中中等者，补为太学上舍下等生；考中下等者，补为太学内舍生；其余考不入等者，补为太学外舍生。其中有"学行为乡里所服"者，委知州、通判、监司依贡士法贡入，委祭酒、司业、博士询考得实，当议量材录用。要求地方当局据实升贡，若有关官员"所贡非其人，或应举而不贡，一等依律科罪。若贡士到太学试中上等，及考选升舍人多，即等第立法推赏"。即要根据学生考取太学的情况来奖惩地方有关官员。宁远地区在宋代人才辈出，通过科举获得晋升的人甚多，是该地区盛产人才的一个鼎盛时期。（下两表所展示的是县志所列宋代宁远进士、举人一览表）

宋代宁远县学进士名单一览[1]

宋进士			
蒋文旺　开宝二年己巳	黄果　元丰五年壬戌	李伯辉　嘉熙二年戊戌	胡万柱　咸淳元年乙丑
黄知述　太平兴国二年	黄世永　元祐元年丙寅	郭凤　宝祐元年癸丑	乐萱夫　咸淳四年戊辰
蒋才成　景德三年丙午	胡岱　绍圣元年甲戌	乐雷发　宝祐元年癸丑延试八策赐特科第一	郭新　咸淳四年戊辰
黄弼　大中祥符四年辛亥	李安　绍兴二年壬子	周炜　宝祐四年丙辰	蒋时亮　咸淳四年戊辰，任广东学政
李世南　大中祥符八年乙卯	乐伯舆　绍兴十二年壬戌	李逢源　宝祐四年丙辰	胡建宗　大中何年失考
李绚　天圣五年丁卯	李长庚　绍兴二十四年甲戌	胡龟朋　开庆元年己未	柴良楫　大中何年失考

宋进士			
黄世杰　天圣六年戊辰	乐公明　淳熙八年辛丑	乐斗之　开庆元年己未	陈楚贤　大中何年失考
黄世京　天圣六年戊辰	黄龟鼎　淳熙十一年甲辰	郭圻　开庆元年己未	周尚未　大中何年失考
黄世潜　明道三年	杨齐贤　省试第一，庆元五年己未	周子瑜　景定三年壬戌	陈梦龙　大中何年失考
黄世府　景祐元年甲戌	乐公说　庆元五年己未	乐仲谦　景定三年壬戌	黄表卿　大中何年失考
李时亮　嘉祐四年己亥	黄梦清　嘉定元年戊辰	乐椿夫　咸淳元年乙丑	
李端　元丰二年己未	周梅宴　省试第一，廷试第九，嘉熙二年戊戌	陈溥　咸淳元年乙丑	
宋乡贡进士			
李纲　绍圣二年乙亥，李世南从子	李述　靖康元年丙午	胡季通　何年失考	
李绎　何年失考，李世南子	乐疑山　咸淳九年癸酉	胡经仲　绍圣元年或元年	

宋代宁远县学举人名单一览①

宋举人				
李纲	周尚友	李述	乐贵	黄彦章
李绎	陈梦龙	乐疑山	乐名	蒋世华
陈楚贤	黄表卿	胡季通	乐贵高	乐志忠

　　元代前期未行科举，肄业于各地方学校的生徒，"守令举荐之，台宪考核之，或用为教官，或取为吏属"②。科举实施

① 民国《宁远县志》卷第十三《科第表》。

②《元史·选举一》。

后，学校生徒可参加本地举贡，入京会试。据民国《宁远县志》载，宁远地区在元代有举人奉廷瑞。

明代"科举必由学校"①，即应试者必须具有学校生员资格。地方官学岁、科二试实为结业、选拔考试。科试"取一二等为科举生员，俾应乡试"。"生儒应试，每举人一名，以科举（生员）三十名为率"②，即根据本地举额，按30：1的数额举送生员。此外，"府州县学诸生入国学者乃可得官，不入者不可得也"。明代地方学校有向国子监选送学生的制度，被选送的生员称贡生。其中常规的定期举贡称岁贡（后附明代宁远县学岁贡名单）。

明代宁远县学岁贡名单一览③

明岁贡								
郑奎	冯云鹏	奉思聪	于廷采	李伦	李世嵩	李宽	郑国栋	黄守道
郑才	宋良弼	唐祯	周凤池	陈显	李恺	姚裕	宋杰	欧邦言
廖执中	罗琛	邓敬	郭明守	张济	郑家侨	刘俊	黄裳	乐敷
何思诚	荆用奎	郑义	陈恭	黄钺	黄体立	乐实	谢德	荆朝玺
李常	冯云骧	李景芳	赵维蕃	黎嵩	欧大遂	冯廷铁	唐观	郭卫楚
奉思恭	姚世卿	樊德常	柴昌年	廖坝	刘源	王卿	龚裳	张文星
刘复	荆朝冕	杨宗瑞	王建中	郑茂	姜涛	彭应讷	乐庆云	黄都
黎永安	郑礼宪	乐经	李大任	彭球	乐胜智	朱子中	杨瑾	王尚义
许英	胡文焕	吉安	欧洪	李时悦	王复	杜文经	宋宾	郑宗鲁
李嵩	郑殿	杨明	李万思	于策	雷霖	杨恩	杨玉	郑尚中
刘本	李世元	李绮	刘敬	冯天典	李思恭	郑知森	何茂	郑希上
乐纯	欧阳佶	李时衍	杨文行	谢诏	刘宽	杨时霁	欧达	杨廷栋

①《明史·选举志》。
②《明史·选举志》
③民国《宁远县志》卷第十三《科第表》。

明岁贡								
乐正	何三畏	荆岘	李麟	姚世用	雷有声	郑希元	陈策	欧阳伟
李绅	李成龙	何志夔	缺再圆	乐承美	李源	荆朝丹	成功	吉大禧
黎启嵩	郑均	萧凤韶	朱明	唐宗选	周仅	李昇	黄杰	
刘宪	成全	蒋武旦	李从政	乐承羡	李翰	柴遇年	张鋭	
乐忠信	骆宾	欧阳绩	骆昇	杨守仰	曾翰	郑士杰	乐仁珠	
卢泰	李全	王国治	杨宽	张学书	杨纶	张宏献	欧阳球	

　　"凡岁贡额数，洪武十六年奏准，天下府州县学自明年为始，岁贡生员各一人。二十一年令，岁贡，府学一年、州学二年、县学三年各贡一人，必性资纯厚，学业有成，年二十以上者方许。二十五年令，岁贡，府学一年二人，州学二年三人，县学一年一人。永乐八年令，凡州县户不及五里者，州一年、县二年各贡一人。十九年令，岁贡照洪武二十一年例。正统六年令，府学一年贡一人，州学三年贡二人，县学二年贡一人，遂为定例。成化二年奏准，卫学照县学例，二年贡一人。四年令，凡京学，二年贡三人。嘉靖二年令，顺天府学每年起送二名充贡，应天府同。"①岁贡生员至京，由翰林院考试经义、《四书》义各一道，判语一条，合格证者入国子监，不合格者罚充吏事，后改为发还原学肄业，对提调官以"贡举非其人"例处分，教官、训导罚俸一年。

　　明代宁远县学学生通过科考获得功名的也非常之多，下表所展示的是民国《宁远县志》所载的这一时期进士、举人的名单：

---

① 《明会典·贡举》。

明代宁远县学进士、举人名单一览①

明进士			
胡玉汉　洪武十八年乙丑	胡自节　天顺元年丁丑	周必发　成化五年己丑	刘良　成化二十三年丁未
李克逊　洪武二十一年戊辰	邓球　天顺年	李恭　成化五年己丑	李敷　弘治三年庚戌
谢文盛　永乐十九年辛丑	胡自简　天顺八年甲申	乐宣　成化五年己丑	李翔　弘治九年丙辰
雷复　正统元年丙辰	胡其麟　成化二年丙戌	于材　成化十年戊戌	曾万钧　嘉靖
黄钟　天顺元年丁丑	胡自筠　成化二年丙戌	荆茂　成化十年戊戌	郑尚忠　天启
明举人			
李坚　洪武十七年甲子	胡应莹　宣德七年壬子	邓球　天顺六年壬午	王性　弘治二年己酉
李克逊　洪武十七年甲子	刘渊　宣德十年乙卯	乐宣　乐韶之子，天顺六年壬午	陈滞　弘治二年己酉
成全　洪武二十九年丙子	胡应玺　宣德十年乙卯	荆茂　成化元年乙酉	成功　弘治五年壬子
乐逢亨　永乐三年乙酉	李瑛　正统三年戊午	李恭　成化元年乙酉	刘杰　弘治八年乙卯
胡自筠　永乐三年乙酉	杨盛　正统三年戊午	李敷　成化四年戊子	向正　弘治八年乙卯
李成　永乐十二年甲午	乐武　乐韶从子，正统三年戊午	乐端　成化四年戊子	赵昂　弘治十一年戊子
邝彬　永乐十二年甲午	李瓒　正统六年辛酉	黎柬　成化七年辛卯	彭琦　弘治十四年辛酉
黄士英　永乐十五年丁酉	何浩　正统九年甲午	黄鑑　成化七年辛卯	成大章　嘉靖元年戊了

① 民国《宁远县志》卷第十三《科第表》。

明举人			
黄琛　永乐十五年丁酉	邓骥　景泰元年庚午	郑文锦　成化七年辛卯	郭鹏　嘉靖四十年辛酉
李参　永乐十五年丁酉	黄钟　景泰元年庚午	于材　成化十年甲午	田世业　嘉靖四十三年甲子
胡应斑　永乐十五年丁酉	刘良　景泰四年癸酉	冯龙　成化十三年丁酉	萧凤韶　嘉靖四十三年甲子
陈璟　永乐二十一年癸卯	李智　景泰七年丙子	罗瑄　成化十三年丁酉	欧朝珥　万历四年丙子
乐韶　乐逢亨从子，永乐二十一年癸卯	李俊　景泰七年丙子	乐明　成化十六年庚子	赵宗孟　万历二十二年甲子
毛保　宣德四年乙酉	李本　天顺三年己卯	李成　成化十六年庚子	郑尚忠　天启元年辛酉
胡应璧　宣德四年乙酉	乐龅　乐逢亨从子，天顺三年己卯	李翔　成化十九年癸卯	
雷复　宣德七年壬子	乐常　乐韶从子，天顺六年壬午	胡浩　弘治二年己酉	

由皇帝特许增加贡举名额称恩贡。如"弘治八年奏准，自九年起至十三年止，顺天、应天二府，四年各该贡六名者，许贡十二名；其余府学，每年改贡一名者，许贡二名；州学三年改贡二名者，二年许贡三名；县学、卫学二年改贡一名者，每年各贡一名。以后仍照见行例"①，故恩贡实为岁贡的扩充。由于一二等生员均赴科举乡试，岁贡仅为三等生员，通常"非廪生久次者，不得充岁贡也"②，即岁贡多为滞留学校多年的老生员。"岁贡颇老，其势日绌，则惟愿就教，而不愿入监。"③一般都是取得国子监生名分后，等待朝廷

① 《明史·选举志》。
② 《明史·选举志》。
③ 《明史·选举志》。

授以教官之职。又于常贡之外，令提学行选贡之法。"不分廪膳、增广生员，通行考选，务求学行兼优、年富力强、累试优等者，乃以充贡"，故"选贡多英才"。①选贡无定期，三五年一行。此外，生员还可通过捐纳钱财获得监生资格，称纳贡。总之，"诸生上者中式（走科举之途），次者廪生年久充贡，或选择为贡生。其累试不第，年逾五十，愿告退闲者，给予冠带，仍复其身。其后有纳粟、马捐监之例，则诸生又有援例而出学者矣"②。下表所展示的是明代宁远县学恩贡、拔贡名单：

明代宁远县学恩贡、拔贡名单一览③

明恩贡						
周玉麟	欧阳名	黄富贤	乐应萧	乐杨家	邓凤翔	郑国栋
明拔贡						
李荣	乐培	田大相	莊成英	王良彦	郑国栋	
乐承美	冯以贞	杨廷珣	杨志昊	荆用奎	骆以宾	
萧俊	乐和	赵宗孟	冯天叙	李正阳		

清代生员出路大体同明代。凡"科试一等、二等及三等前列准送乡试"④。按各省取中举人名额，早期"每中式举人一名，取应试生儒三十名"。后扩大举送比例，乾隆九年（1744年）定，"直隶、江南、江西、福建、浙江、湖广为大省，准其每举人一名，录送科举八十名。山东、山西、河南、陕西、四川、广东为中省，每举人一名，录送科举六十名。广西、云南、贵州等为小省，每举人一名，录送科举五十名"⑤。除正式及第者外，对未经中式的老年士子赏给科

① 《明史·选举志》。
② 《明史·选举志》。
③ 民国《宁远县志》卷第十三《科第表》。
④ 《清会典·仪制清吏司六》。
⑤ 《清会典事例·礼部四十八》。

举出身及官衔。据《清会典·仪制清吏司》，乡试不第，年届九十的生员均赏给举人，年届八十者赏给副榜举人。会试不第，年届九十者赏给检讨衔，年届八十赏给学正衔。下表所展示的是清代宁远县学进士、举人名单，相较于宋代和明代，清代宁远县学所出人才稍显式微。宁远地方官反思宁远科考人才在这一时期"反逊于前"，这成为他们重视文庙修建的一个原因，在清代两篇关于文庙记文中皆有反映。

清代宁远县学进士、举人名单一览[①]

清进士		
黄元吉　嘉庆十六年辛未	欧阳上容　道光二年壬午	
清举人		
张三仁　雍正十年壬子	王定元　乾隆五十七年壬子	欧阳上容　道光元年辛巳，恩科
郑士祐　乾隆九年甲子	乐大观　嘉庆五年庚申，恩赐	杨世铣　道光十四年甲午，改名泽闾，复姓欧阳
邓永波　乾隆五十一年丙午	黄元吉　嘉庆十三年戊辰，恩科	
乐之祁　乾隆五十三年戊申	欧继韩　嘉庆二十三年戊寅	

　　清代生员取得国子监贡生资格，有岁贡、恩贡、优贡、拔贡、副贡、例贡等方式。据《清会典·仪制清吏司》，凡直省府学一年一贡，州学三年二贡，县学二年一贡，惟顺天府一年二贡。岁贡对象为廪膳生员"食饩久矣"，依食廪年分为序，同时补廪者则以考案先后为序，按"正一陪二"的

① 民国《宁远县志》卷第十三《科第表》。

比例送考。"正者不堪充贡，准予衣顶告老，次取陪，一陪不堪，取二陪。陪贡有意趋避，托故不到，永不准其作贡。岁贡生可在籍等待选官，也可赴国子监肄业。凡遇恩诏加贡，以一年正贡作恩贡，次贡作岁贡。其不在正贡之年的学校，以次贡作恩贡，再次贡作岁贡，于应贡之年举行。"下表为清代宁远县学岁贡和恩贡名单：

清代宁远县学岁贡、恩贡名单一览[1]

清岁贡								
李正春	欧巽	贾如愚	李承撎	谭之亨	邓世荣	樊光勷	张琴	邓世荣
刘三奇	乐之邠	曰泰来	杨世愈	郑邦彦	杨希恩	张辉宗	李万赖	欧以芹
吉星震	杨上麗	杨光伋	陈中典	杨棲凤	黄永清	杨鹏飛	李廷敷	乐进献
李绍泌	石象宏	李春暄	石紫崖	杨奇勳	李复圭	杨浩	邓宗禹	李大樑
杨继时	杨世瑎	李尚斎	邓先梓	邓文经	薛文翰	杨登栋	郑纯脩	李承衺
陈诗	樊運辉	李逢檉	黄继宗	张国华	张渐鸿	欧殿选	杨光榜	杨世沛
谭禧	石镇五	郑自杰	邓炳南	杨際泰	欧阳宗瀛	杨德永	杨如松	郑廷光
欧阳明	周樹绩	乐白珩	乐贤熙	杨逢郁	欧尚佶	李上品	欧阳京	欧阳金
乐雍	黄道任	樊名世	樊世勚	杨高沛	欧尚伋	王景烈	欧阳照臨	成士杰
骆恢先	张三义	杨逢魁	奉玉環	李承纲	郑润章	杨衡九	欧阳佐	黄万章
李继白	冯步青	石光化	江容九	杨逢泰	李春翹	杨象绳	欧阳钟疑	仝朝永
邓殿材	郑逢善	李方济	刘楚彦	张文瑞	陈化龙	杨宗灏	仝升公	张兆龄
杨逢元	奉思恭	张映湘	吉星映	郑文济	李逢培	欧阳芝	张邠	欧爐
李四中	郑啟蕚	杨登焕	荆应迪	欧阳赋	杨之麗	邓雅林	乐师尚	奉思聪

① 民国《宁远县志》卷第十三《科第表》。

清岁贡								
杨寿世	李先春	匡守箴	杨士凤	向瀛洲	朱奇纶	黄万都	乐大观	李志学
李师旦	欧阳主	杨上抡	杨起瑞	李光远	李遇春	奉良材	李澄	
王定进	欧阳羲	唐钦	郑燦	向逢吉	杨翔凤	王舒锦	欧剑	
清恩贡								
杨光旒	张有燦	欧阳旗	郑有锦	李永学	李登岸	李家隶	黄從幹	黄正中
杨兆鹏	张三元	欧阳焘	郑万善	樊世经	李峻	樊世华	欧阳世珪	欧炳奎
胡有临	杨逢儁	杨德裕	夏運行	徐必达	张国超	刘元坚	欧阳佶	张沛然
郑国需	黎庶瞻	吉梦熊	向宗敏	张东昇	杨世卿	黄澍榕	欧阳伟	张紫雲
郑明新	杨登霖	樊景垛	李有藻	石象谟	杨春山	郑利宾	欧阳琳	杨衡九

优贡对象为"生员之优者"，不拘廪、增、附生。学政将各学所报文行兼优之士造册报礼部，三年任满，就原报册内分两场试之。头场《四书》文二篇，二场经文一篇、策一道、五言八韵排律诗一首。再会同督抚复试以《四书》文一、经文一、策一。核取其堪升者保题，大省不超过五六人，中省不超过三四人，小省不超过一二人，任缺毋滥。由礼部奏请定期朝考，钦命《四书》题一、五言八韵排律诗题一，由阅卷大臣酌量录取。优贡生愿就职者，考列一二等者，以知县、教职录用；考列三等者，以训导录用。愿入国子监肄业者，原为廪膳、增广生员者，准作贡生；原为附学生员者，准作监生。下表展示的是县志所载清代宁远县学优贡名单：

清代宁远县学优贡名单一览①

清优贡					
杨上授　道光二十一年丙子	杨世绍　道光二十三年癸卯	杨润躬	黄占鳌	石光陛	骆时耀　欧阳顺

　　拔贡的对象是"其学之优者"，十二年举行一次，每逢酉年由学政考选。头场试《四书》文二、经文一，二场试策一、论一、五言八韵排律论诗一。按府学二名、县学一名拔取，任缺毋滥。再会同督抚复试以《四书》文一、经文一、策一。送部奏请朝考同优贡。凡文理荒谬者斥革，并参处学政督抚。取入一等者在保和殿复试，阅卷后进呈钦定同进士殿试。"复试取入一二等者，礼部按省开单引见，或以七品小京官分部学习，或以知县分发试用，或以教职用。其余归班铨选，以复设教谕用，愿就佐贰等官者听。"下表所展示的是县志所列清代宁远县学拔贡、廪贡名单：

清代宁远县学拔贡、廪贡名单一览②

清拔贡			
李瓊芳	骆孔僎　乾隆三十年乙酉	李家瑞　道光五年乙酉	杨宗恕　光绪二十三年丁酉
萧良弼　顺治年	陈经文　乾隆四十二年丁酉	欧隆光　道光十七年丁酉	欧阳宗煌　光绪年
郑之祯　改名之楫	郑文衡　乾隆五十四年己酉	骆孟郅　道光二十九年己酉	欧阳佐
李光岳	杨登训　嘉庆六年辛酉	杨宗佑　咸丰二十一年辛酉	骆亨锋　宣统元年己酉
欧世炜　雍正己酉	杨上容　嘉庆十八年癸酉	杨宗传　同治十二年癸酉	石兆葵　宣统元年己酉

清拔贡			
杨逢年　乾隆六年辛酉	杨世绂　道光五年乙酉	杨世樑　同治十二年癸酉	

清廪贡								
樊在廷	石葆坚	杨叔玖	欧阳世慎	邓克昌	李祝庚	欧阳纪凤	黄仕相	骆士俊
樊在伸	乐显钰	石崇翼	向逢吉	谢紫封	卢敏樹	欧阳纪行	黄圭堉	奉寅春
李瑜	郑海源	黄仁祈	张巍焕	李道隆	欧阳世镛	欧阳纪龙	欧阳时隙	邓上卿
李作丹	杨炳尧	张国钱	匡辉祖	陈锡周	毛义彰	欧阳鸿爵	欧阳赋	樊世荣
杨上瓊	杨纪元	邓殿才	贺世斌	张光国	欧企鸾	欧阳纪彭	欧阳暾	萧春熙
李承膺	李宗珊	黄天燮	欧阳毓春	欧铠棠	邓树德	欧阳宗稷	欧阳焜	萧堉
欧邦孚	欧阳正中	张之敦	李培基	郑鼎新	石鸣球	欧阳九衡	欧阳胜	李士超
杨世经	欧阳上庠	石天璸	欧阳泰铭	欧阳毅	李道楷	欧阳宗尧	欧阳達	欧阳宗蘭
杨上拔	欧阳纪鸾	石錬五	谢子如	黄望衡	江有禄	欧阳宗敬	欧阳位	
杨世恩	柏孔蘇	唐钦	张明典	柏登峻	李仕作	黄啟後	骆亨瑜	
石崇镇	杨儻珍	向国安	李富春	张向阳	欧阳振钰	欧阳纪麟	骆时镁	

　　副贡的对象是各省乡试副榜举人，如原为廪膳生或国子监生，可免其坐监，参加会试；原为增广、附学生员，准入监肄业。例贡系廪膳、增广、附学生员通过捐纳钱物获取国子监贡生身份。生员有告老退学、赐予荣身的制度。《清会

典·学校》有"告给衣顶"项。年老生员向学校提出免除岁试的申请，学校转呈提调官，查明没有妨碍情节，即可获批准。免除岁试意味着与学校常规教学及管理脱离干系，意即保留生员身份而告老退学。如行为不端，或有前科事缘未了结者，俱不准给顶。下表所展示的是县志所载清代宁远县学副贡名单：

清代宁远县学副贡名单一览[1]

清副贡		
李承曾　道光十四年甲午	欧阳骏　咸丰七年丁巳	陈显治　光绪十五年己丑，恩科
杨世绍　道光二十三年癸卯	杨宗佶　同治元年壬戌，恩科	石崇汉　光绪十九年癸巳
黄詠沂　光绪二年丙子	杨炳尧　光绪元年己亥，恩科	杨宗恕　光绪二十三年丁酉
李家声　道光十七年丁酉	刘希沛　光绪元年己亥，恩科	
张玉堂　咸丰元年辛亥，恩科	黄习溶　光绪五年己卯	

　　宁远文庙的学生结业的出路大体如此。学而优则仕，进入仕途是所有学生最理想、最远大的抱负和追求，也是下层老百姓企图改变阶层的一个比较可行的途径。

---

[1] 民国《宁远县志》卷第十二《科第表》。

教师古称教官，通称先生，亦称师。官学教师称为教官，因为教师自汉代起就由朝廷定有官品。

教师的选聘

西周时，一般地方官学由地方长官兼管，地方学校的教师亦主要由地方长官选聘有学术造诣的人担任，通常为退休还乡的官员。《仪礼·乡饮酒礼》称："古者，年七十而致仕，老于乡里。大夫名曰父师，士名曰少师，而教学焉。"

汉代，负责地方教育事务的人员称为文学官，是地方长官的学术顾问，也从事教授学生的活动。而文学官主要是由地方长官自行聘用学、德、行皆优的人，或是由朝廷委派中央官学毕业生担任，但太学生被委派为地方官学教师被视为最差的安排。

宁远文庙作为地方官学中县一级的学校，其在唐宋创立时期，教师的来源主要是由宁远地方长官自行选聘学行兼优者。

依据《文献通考·职官考》，北宋熙宁六年（1073年）诏，"诸路学官并委中书门下选差"，自此开始由朝廷选派京官任各地学官。元丰七年（1084年）定，各地知州选在任官为州学教授者，送国子监审察。并定试用学官之法，即朝廷统一考试录用教官，"上等为博士，下等为正、录，愿就教授者听"。元祐元年（1086年）定，各地学官选用，限年三十以上。绍圣元年（1094年）定，"今后内外学官，选进士出身及经明行修人充"。崇宁二年（1103年），立教授荐举之法，自卿监、祭酒、司业、尚书、侍郎以上，岁举三五人。政和三年（1113年）规定，补教授缺，每季由尚书省左右司将各地有缺之处榜示于众，"许合格人投状指射，左右司堪会合格人，具名呈禀讫，送中书省"。首先选用有教授、学正、学录、学长、学谕等有教学经历者。一般"非上舍登科，不在选限"。如中格人不足，可"以曾补内舍人选充"。但后来又有人提出这种做法"将教授缺，尽归吏部差注。欲为人师，而先纳所业，求有司以幸中程度。又校计格法，以争得之，甚非建学校、立师儒之本意"。绍兴五年（1135年）罢试学官科，改由朝廷选差。此后的调和、改进大体上在这些措施间进行。

据《元史·选举志一》，元代教授由朝廷任命，其中府学和上中州学教授初为正九品官，路学教授初为从八品，教授须五十岁以上，还须经翰林院考试合格。路学学正、学录，下州学学正、县学教谕由礼部（限中原州县）或由行省及宣慰司任命。教谕、学录历两任考满，可升为学正、书院山长；学正、书院山长历一任考满，可升为府及上中州教授，又历一任考满，可升为路教授。恢复科举后，常以会试下第举人充学正，备榜举人充学录、教谕，或以副榜名次居前者充学正，其余充学录、教谕。同时，有荐举者亦参用之。泰定元年（1324年），凡蒙古、色目人年三十以上，汉人、南人年五十以上并两举不第者，授予教授职；在这个岁数以下的，授予学正职。于是"其法始变下第者悉授以路府学正及书院山长，又增乡试备榜，亦授以郡学录及县教谕"①。教官之职遂成为安排下第举人的出路。

据《明史·职官志四》，明代地方学校"府教授一人、训导四人，州学正一人、训导三人，县教谕一人、训导二人。教授、学正、教谕掌教诲所属生员，训导佐之"②。宁远文庙按照此规定有教谕1人、训导2人。明初朝廷曾大批选派国子监诸生中年长学优者往各郡任教官，此后主要以会试列副榜的举人和国子监生担任教官。

按《明会典·选官》载："洪武十八年，以会试下第举人，俱授学正、教谕。二十六年，以监生三十以上能文章者，授教谕等官。训导有缺，以举人及考中监生并通经儒士选用。永乐元年，令举人授者，皆署职其所教生员科贡及数者，方与实授。景泰元年，令岁贡生员愿就教职者，从翰林院考中，除（授）学正、教谕、训导。成化元年奏准，岁贡及纳马、纳粟四十五岁出身者，止除训导。后惟岁贡考除，余不准。进士及内外见任官科目出身，愿就教职者听。正德九年奏准，进士就教职者，其俸给照原中甲第品级关文。嘉靖十年，令岁贡生员愿就教职，送翰林院考试，文学优长居上等者，量授学正、教谕，其余仍除训导。万历五年，令乞恩就教举人，廷试名次在前者授学正、教谕，在后者授训导。"嘉靖二十四年（1545年）题准，"教授等缺，于各府州县学训导内，推选升补"③。即教授、学正、教谕等正职教官可由训导升任。

①《元史·选举志》。
②《明史·职官志四》。
③《明会典·选官》。

　　清代地方学校教官类别同明代，其任职的标准和程序与其他官职一样明确。关于教官的任职资格，据《清会典·文选清吏司一》载，教官可由具有科举或国子监贡生出身者直接就任，如"进士就教者除（任）府教授"。举人经过三次会试（不中）后（边远省份只需经一次会试），可至吏部申请就教，以科举名次为先后排班候补，"除经制学正、教谕"。"恩、拔、副贡，就教者，除复设教谕。岁贡除经制训导、复设训导。优贡附于本年岁贡班末，以年分先后为次。"乾隆十五年（1750年）议定，廪生出身的例贡生，以附设训导选用。教官也可有低级向高级、副职向正职升转，如"府厅教授，以州学正、县教谕升"。"州学正、县教谕，以府州县训导升。"此外，进士、举人已授知县者，到任后不能胜任，可提请改补教职，仍归原班，按科名先后候选。尚在候补知县之员，如吏部经考察认为不堪任职，也可劝其改教。①

　　清代地方负责官员实施回避制度，通常均赴外省任职。但考虑到教学方面的要求，"各地教官皆用本省人，惟回避本府、州"②。凡候选、候补教职者，均"就近选补，令在籍候凭。仍取地方官印结，并亲供三代履历、本身年貌，报部"③。吏部选定授予教职的人员，赴会省城抚院衙门，由抚臣考核。考列"一二三等者，给凭赴任；四五等者，解任学习，三年再行考试；六等者革职"④。

　　宁远文庙各个时期的教师来源，大体与全国其他官办学校的教师选聘相同，遵循一定的程序和标准。

教师的待遇

　　中央官学教官即为朝廷命官，享受朝廷按官阶固定发给

①《清会典·文选清吏司》。
②《清会典·仪制清吏司》。
③《清会典事例·吏部五十八》。
④《清会典事例·吏部一百》。

的俸禄。如《太平御览·职官部三四》载："武帝建元五年，初置五经博士，秩比六百石。"①即教官博士的待遇是"相当于六百石"粮食。发展至唐宋时期，各类教官的品级规定更加细致，如《新唐书·百官志三》载："国子监祭酒，从三品；司业，从四品下；丞，从六品下；主簿，从七品下；国子博士，正五品上；国子助教，从六品上；太学博士，正六品上；太学助教，从七品上；四门博士，正七品上；四门助教，从八品上；律学博士，从八品下；律学助教，从九品下；书学博士，从九品下；算学博士，从九品下。"②各门各类教官对品阶的规定非常明确，教师根据品级而享有不同的待遇。明清时期更是如此。

地方官学教师没有中央官学教师品秩高，因而待遇有差距，地位也较低微。通常教师的待遇取决于地方当局对教育的重视程度，若遇上热心办学的地方长官，学校教师则非常受重视。西周时期，地方官学教师多为退休回乡的官员兼任，因而享有退休官员的待遇。除此之外，作为官学先生，还参与地方当局选贡人才，地位较尊。汉朝元帝时始为地方官学教师定官品，若"郡国置五经百石卒史"，"百石"即为有品级官员俸禄的最低级别。唐朝时，地方学校教师（后由博士改称为文学官）虽定为从八品，但因为享受不到职事官的待遇，被一般士人轻鄙。《新唐书·百官志下》称其"然无职事，衣冠耻之"。

直至北宋中叶后地方官学教师由朝廷委派，待遇也逐渐明确。据《宋史·职官志十二》载："诸路州学教授，京朝视本州判官，选人视本州曹官。"③即教授属由朝廷委派京朝官担任的，待遇相当于本州副长官；教授属由地方选聘的，待遇相当于本州衙各部门负责官员。虽有职事，但不入官品，

①《太平御览·职官部三四》。
②《新唐书·百官志三》。
③《宋史·职官志十二》。

其待遇无制度保证，供给主要靠学田及赡学钱粮。据《宋会要·崇儒二》记载，熙宁四年（1071年）诏"凡在学有职事者，于学粮内优定请给"[1]。后又规定朝廷未差教授的州军，其自行选充的教授，学粮依旧发给。教授三年为一任。徽宗时，州学教授、县学学正、学谕与其他官员一样领取俸禄，教授俸禄由各路转运司拨发，正、谕俸禄由县筹发。

明代地方官学教官薪俸正式由朝廷列支并制度化。明初，府学教授为正九品，州学学正为从九品，为朝廷命官，教谕、训导由地方任命。其俸给，教授月支米一石五斗，学正一石三斗，教谕、训导各一石，钱、米按三七开兼支。后升为教官之禄：州学正月米二石五斗，县教谕、府州县训导月米二石。此外，还享受公费供应的师生廪膳。明初教师待遇优厚的同时，考核也相当严厉。教官考核由学政主持，地方当局配合。"按其文行及训士勤惰，随时荐黜。"据洪武八年（1375年）所立学校条规，守令每月考查生员，亦为考查教官。"如一月某生某科学不进，则记载于簿。至此科三月不进者，罚此科训导月米半月，罚不过一月。"洪武二十六年（1393年），"定学官考课法，专以科举为殿最"。教官九年任满，核查所教生员考中举人人数，府学满九人、州学满六人、县学满三人者为最（上等），又考通经，即与升迁。不够此人数为平等，即使通经，亦不迁官。举人至少及无者为殿（下等），又考不通经，则黜降。万历三年（1575年），谕提学巡视学校时要考核教官。"其学行俱优者，礼待奖励。其行履无过，但学问疏浅者，一次考验，始行戒饬；再考无过，送吏部别用。有老病不堪者，准令以礼致仕。若卑污无耻，素行不谨者，不必试其文学，即拿送按察司问革。"[2]

由于教官品级不仅待遇低微，而且前程不佳，妨害士人

---

① 《宋会要辑稿·崇儒二》。
② 《明史·选举志》。

任教积极性。据《春明梦余录》卷五十五载："师儒之职益轻，副榜举人不屑就，而贡生年稍迈、若贫困甚者乃甘心焉，因取充位。"教官多为精力疲颓、学术疵谬之人，严重影响教育质量。为鼓励进士举人就教职，万历十七年（1589年）起，对进科进士愿就教职者，简化程序，可立即就职。但所采取的措施未能切实实施，收效甚微。

清代教官品级初同明代，后定为每年俸银十九两五钱二分、薪银十二两。雍正十三年（1735年）定，府学教授为正七品，年俸薪银四十五两；州学学正、县学教谕为正八品，年俸薪银四十两；各学训导为从八品，准食正八品俸，亦为四十两。又康熙时曾减省训导或教谕，后虽复设，但一学两官同食一俸。至此时亦"各照品级给予全俸，永著为例"①。

宁远文庙为县学，其教官的待遇没有中央官学以及地方府学、州学教官的待遇高，但教师属朝廷任命和管制，相当于如今的有编制的公务人员，其待遇也是依据国家的统一规定。据嘉庆《宁远县志》记载，宁远文庙教师（教谕、训导）的俸钱如下：

县学教谕、训导二员俸银每员三十一两五钱二分，共银六十三两四分。（康熙四年，奉裁教谕一员，奉银三十一两五钱二分）

乾隆元年奉文每员增，俸银三十四两二钱四分。（於司库地丁银内支补）②

教师的考核升迁

教官有常规考核和升迁去向。如"果能尽心劝导，阅俸

① 《清会典事例·吏部八十》。
② 嘉庆《宁远县志》卷之四《赋役志·解支》。

六年之内，所属士子并无过犯，该督抚、学臣具实保题，准其以应升之官，即行升用"[①]。据《清会典》卷七，教授可升任国子监博士、翰林院典簿。学正、教谕除升任教授外，还可升任翰林院待诏、国子监典籍及知县。训导除升任学正、教谕外，还可升任翰林院孔目、州判、府经历、县丞。

教官有请假和退休制度。据《清会典事例·吏部七十八》，乾隆五年（1740年）议准，"各省教职，食俸三年以上，如有父母在家，不能迎养，欲回籍省亲及葬亲、省墓等事，准其咨明州县官，转详该官上司，查明委系实情，取具该州县印结，计其程途远近，酌给假期，报明存案"。其空缺职位暂不选补他人就任。但"不得一学两官同时告假，亦不得告假之后复行请假。如一学止设一官，亦准一例给假，令该州县暂摄学篆。其准假之员，该上司勒限回任，倘逾限不到，该督抚照例咨参"。乾隆十二年（1747年）议准，准假教官可继续领取俸禄。"其假期届满，果系一时抱病，令原籍地方官验明结报，许其展限一月。"如延假一月后病难痊愈，则别选他人就职。"如有捏饰徇延等弊，将该员并地方官照例分别参处。"教官退休通常按古人"七十致仕"之义实施。[②]

关于教官失职和违纪的处分。据《清会典事例·吏部一百》载，雍正十二年（1734年）复准，"如教官内不力行课试，经上司查出，揭报咨参。计其月课季考废弛次数，每一次罚俸三月，二次罚俸六月，三次罚俸九月，四次罚俸一年。若视为虚文，将月课季考竟不率行者革职"。十三年（1735年）复准，"文武生员，如有犯聚赌、诱赌等事，该管教官自行查出详报者，免其议处。其失于稽察者，罚俸一年。若明知赌博，不行查报，别经发觉者，将该教官革职

① 《清会典事例·吏部一白》。
② 《清会典事例·吏部七十八》。

留任。至教官失察士子造卖赌具，即照溺职例革职"。乾隆三十七年（1772年）奏准，"贡监生员之内，如有学问优长、孝友可风，经府州县官及上司访闻得实，该教官勒揸不行举报者，照溺职例革职"。①

　　宁远文庙的所有教官也依据朝廷统一的考核升迁制度，升降奖惩，都有一整套评价和考核的标准。

①《清会典事例·吏部一百》。

文庙的教学：
培养国家所需人才

教学功能是宁远文庙的主要功能之一。作为官办学校，宁远文庙由当地政府主管、监督实施国家统一的教育政策，其教学内容、教材、教学设施等也都遵循国家的规定。

教学内容与教材

自汉武帝"罢黜百家，独尊儒术"后，历朝历代官学的教学内容的主体是儒家经学，学习和研究的对象是儒家经典。儒家经典的系统整理编纂始于孔子，历经汉、唐、宋、明、清的发展，逐步形成一个完备的教材体系。

我们知道孔子将"六经"（《诗》《书》《礼》《乐》《易》《春秋》）作为教学内容，此举奠定了以六经教学为主体的儒家教育传统。其后，孔子弟子及后学继续开展经学教育。虽经历不少挫折，但学习经书仍未中断过。及至汉代"罢黜百家，独尊儒术"后，经学确立了作为教学内容的主体地位。

唐代时，官方统一了经学教材。唐太宗时，以儒学多门，章句繁杂，命国子祭酒孔颖达和诸儒编订五经义疏，共一百七十卷，名《五经正义》。自唐至宋，科举明经取士都是遵照此本。

南宋朱熹倡导以《论语》《孟子》以及《礼记》中的《大学》《中庸》篇为经学的基础教材，即"四书"。还提倡先读《大学》，次读《论语》，再读《孟子》，后读《中庸》，其后再读其他诸经。[①] 这样以往的兼经《论语》《孟子》扩充为"四书"，地位升至五经之上。元代正式奠定了程朱理学在官方经学中的统治地位，朱子的《四书章句集注》成为必读教材，明清相延。

明代科举"试士之法，专取四子书及《易》《书》《诗》《春秋》《礼记》五经命题"。而"科举必由学校"，学校成为科举考试的附庸，教学内容亦是四书五经。永乐十五年（1417年），"颁《五经四书性理大全》于两京六部、国子监，及天下府州县学"，还要学习性理之学及律令告诫。明初要求学生习射、学算法。"按太祖颁射条于国子监及天下府州县学，每月朔望及闲暇习之。""按洪武二十五年所颁数法，凡生员，每日务要习学算法，必由乘因加归除减通九章之数。"[②]

清代学校教学内容大体同明代，科举取士从四书五经命题，学校亦主要以四书五经为教学内容。据《清史稿·选举志》载："有清科目取士承明制，用八股文，取四子书及《易》《书》《诗》《春秋》《礼记》五经命题。"[③] 推崇程朱理学，四书主朱子集注；还规定不是圣贤之书，与朱熹观点不合的书，学生不得诵习，并且禁止在学校使用。清朝皇帝还主持完成了各部儒经的编纂，均颁发于各处的官学作为

---

① 《朱子语类》卷十四。
② 《明史·选举志》。
③ 《清史稿·选举志》。

学习教材。据《清史稿·艺文志》载，有康熙御纂《周易折中》、钦定《书经传说汇纂》、钦定《诗经传说汇纂》、钦定《春秋传说汇纂》、乾隆御纂《周易述义》、御纂《诗义折中》、钦定《周官义疏》、钦定《仪礼义疏》、钦定《礼记义疏》、御纂《春秋直解》。[①]宁远文庙的教学内容的确定和教材的使用，都是遵照国家统一规定，所以各时期都与全国其他各官学保持一致。

教学设施

古代地方官办学校的教学设施，主体部分有殿、堂、斋、舍。殿为祭祀先圣先师之处，大成殿为文庙祭祀的主体建筑；堂为师生会课及教官办公之所，其中明伦堂为文庙教学的主体建筑；斋为学生分班肄业之处；舍为学生居住及自修之处。此外还有藏书之处（尊经阁）、会馔之处（厨）、洗浴之处（湢）以及门、庑、廊、台、亭、阁、泮池、射圃、库房等。学中建有供奉本地历代贤才的乡贤祠，供奉在本地为官卓有成就之官员的名宦祠，有的学校还建有专门供奉本地忠孝节义之人的忠孝祠和节义祠。

地方文庙建筑形制多仿照曲阜孔庙而成，主要分两大主体部分，一部分用于祭祀，一部分用于教学。某种意义上，祭祀也是一种教育教学。通过祭祀，学生不仅可以接受礼仪礼义教育，还可以为学生树立学习的榜样，营造重视儒学学习的氛围，进行耳濡目染的陶冶教育。这也是文庙祭祀活动能够长盛不衰的原因之一。

宋代即已实施"（文）庙（官）学合一"的校舍建筑规式。元代则常以庙学并称。明代地方学校建斋有明确规定：

①《清史稿·艺文志》。

"盖学制在四方者，府斋有四，州三，县二，而顺天府学，其斋再倍于县。"即府学四斋，州学三斋，县学二斋，位于京城的顺天府则有六斋。其余建筑，则视当地建学财力资金情况而定。清代校舍建筑沿袭明代。

地方学校校舍维护问题较多，由于施工质量及日常保养欠佳，往往颓坏过快。侵占学校土地、损坏校舍的现象常有发生，甚至有地方当局自行挤占学地的。此外，天灾人祸亦造成学校的彻底毁坏。由于缺乏经费，地方学校难以对校舍进行经常性维修。大修则必待有热心办学的地方长官鼎力主持，并亲自捐款倡导。大修远远滞后于损坏，故多数学校的校舍在多数时期都是破旧不堪的。重修学校亦作为重大德政而青史留名。

嘉庆《宁远县志》载，宁远文庙殿堂、斋庑、戟门、厨库、衙号，皆合其制。"为先师庙，前为东西庑，为戟门，左为名宦祠，右为乡贤祠，前为棂星门，门外为泮池，左为登圣坊，右为步贤坊。殿左为明伦堂，为两斋，曰进德，曰修业，为仪门，为儒学门。门外三坊，曰青云，曰丹桂，曰成德。殿后为启圣祠，为尊经阁，为敬一亭，堂后为学仓，左为教谕廨，右为训导廨。"①可见，宁远文庙的教学设施齐整、完备，是一所典型的古代学校，不仅有进行知识学习的设施，还有助人成人教化的场所。

① 嘉庆《宁远县志》卷之四《学校志·文庙缘起》。

文庙的管理：
体现国家意志

宁远文庙作为宁远地区的官办学校，能够正常运营下去，离不开国家的政策和经费支持，以及地方政府和教职人员的日常管理，其中包括国家统一制定的管理学校的学规，学校的办学经费，以及学校与当地社会的关系，等等。

学规

地方官办学校的建置，经过汉唐的发展已相当完备，但直到唐代，独立的管理地方教育的行政官署却没有建立。地方官学主要由地方当局自办，领导和监督的责任也主要由各级地方行政官署的正副官负责，没有形成制度化的管理措施及学规，随意性较大。地方长官重视教育，学校则兴旺，反之学校则徒有虚名。

北宋王安石变法时，始由朝廷委派地方学官。《续资治通鉴长编》卷二五二载，熙宁七年（1074年）规定，各地已由朝廷委派学官的州学，当地原有的书院及县学的钱粮并入州学统一掌握，学校事务由学官全权负责，地方其他官员不得干预。崇宁元年（1102年）天下普遍建学时，"每路（相当于省）自朝廷选监司二人提举。知、通、令、佐（知州、通判、县令、县佐）仍每十日一诣学，监司一岁巡遍所部州学"，"天下诸县皆置学，令、佐掌之。学置长、谕各一人"。县学安排有科举出身的人"令专管学事，长留在县，不得州郡及诸司差出。不充师长人，更不管学事"。①县令、佐专司检察之责。总之，自崇宁以后，"提举学事官"一职，或专任，或由地方长官兼任，可以视为汉唐的遗风。据《宋史·职官志》载，提举学事司的基本任务是，"掌一路州县学政，岁巡所部，以察师儒之优劣，生员之勤惰，而专举刺之事"②。即提举学事官掌管一路（相当于省）以内的州县学的行政管理，每年要巡视管辖范围内的州县学，考察教官的优劣和学生学习的勤惰，还专门负责举报不法的官吏。

黜退出学之法："州县学生实及二年，五犯规矩，两犯第三等以上罚，并五试不中第三等，而文艺无可取之实，行能无可教之资，摒之出学，却许入县学。又三犯规矩，犯第三等以上罚，并五试不中第三等，则摒之出学。若犯杖（刑）以上罪，终身不齿，永不得入州县学。"③政和三年（1113年），制定学规，要点如下："州县学生有犯在学，杖（责）以下从学规；徒（刑）以上若外有犯，并依法断罪。州县学生有犯，教授、（县）令、佐、职事人不纠举，与同罪；知（州）、通（判）失按（察），减一等（同罪）；提举官又减一等。若故纵，并加二等。"④南宋时，地方官学管理弊端丛生。朝廷只是反复申明有关规定，要求有关方面切实遵守、严格督查，而无有效的改进对策。

明代地方官学管理规章详密，且均由朝廷发布，对于地

<hr />

① 《宋会要辑稿·崇儒二》。
② 《宋史·职官志》。
③ 《宋会要辑稿·崇儒二》。
④ 《宋会要辑稿·崇儒二》。

方官学的管理和监督走上制度化。明初沿袭元制度于各省设立"儒学提举司",对地方官学的管理和监督更趋规范化,不仅细致规定各级儒学师生的编制定额、待遇,还颁发禁例八条。洪武十五年(1382年),明太祖亲颁学规十二条于天下学校,镌刻在卧碑上,置于明伦堂之左,要求永为遵守。《明会典·学校》载有卧碑全文。其主要内容是要禁止生员干政和插手地方事务。卧碑全文如下:

十五年,颁禁例于天下学校,镌勒卧碑,置于明伦堂之左,永为遵守。

——今后府州县生员,若有大事干于己家者,许父兄弟侄具状入官辩诉,若非大事,含情忍性,毋轻至于公门。

——生员之家,父母贤智者少,愚痴者多。其父母贤智者,子自外入,必有家教之方,子当受而无违,斯孝行矣,何愁不贤者哉?其父母愚痴者,作为多非,子既读书,得圣贤知觉,虽不精通,实愚痴父母之幸,独生是子。若父母欲行非为,子自外入,或就内知,则当再三恳告。虽父母不从,致身将及死地,必欲告之,使不陷父母于危亡,斯孝行矣。

——军民一切利病,并不许生员建言,果有一切军民利病之事,许当该有司、在野贤人,有志壮士、质朴农夫、商贾技艺皆可言之,诸人毋得阻当,惟生员不许。

——生员内有学优才赡,深明治体,果治何经精通透彻,年及三十愿出仕者,许敷陈王道,讲论治化,述作文词,呈禀本学教官,考其所作,果通性理,连金其名,具呈提调正官。然后亲赍赴京奏闻,再行面视。如果真才实学,不待选举,即行录用。

——为学之道，自当尊敬先生。凡有疑问及听讲说，皆须知诚心听受。若先生讲解未明，亦当从容再问，毋恃己长，妄行辩难，或置之不问。有如此者，终世不成。

——为师长者，当体先贤之道，竭忠教训，以导愚蒙。勤考其课，抚善惩恶，毋至懈惰。

——提调正官务在常加考校。其有敦厚勤敏，抚以进学；懈怠不律，愚顽狡诈，以罪斥去。使在学者，皆为良善，斯为称职矣。

——在野贤人君子，果能练达治体，敷陈王道，有关政治得失，军民利病者，许赴所在有司告给文引，亲赍赴京面奏，如果可采，即便施行，不许坐家实封入递。

——民间凡有冤抑，干于自己，及官吏卖富差贫、重科厚敛、巧取民财等事，许受害之人，将实情自下而上陈告，毋得越诉。非干己事者不许，及假以建言为由。坐家实封者，前件如已依法陈告，当该府州县布政司、按察司，不为受理，听断不公，仍前冤枉者，然后许赴京申诉。

——江西、两浙、江东人民，多有不干己事、代人陈告者，今后如有此等之人，治以重罪。若果临近亲戚，全家被人残害，无人伸诉者，方许。

——各处断发充军及安置人数，不许进言，其所管卫所官员，毋得容许。

——若十恶之事，有干朝政，实迹可验者，许诸人密切赴京面奏。

——前件事理，仰一一讲解遵守，如有不遵，并以违制论。①

① [明]申时行等修：《明会典·学校》卷七十八，中华书局1989年版，第452—453页。

天顺六年（1462年），重新设置各处提举学校官，给予敕谕。重申"师生于学校，一切事物并要尊依洪武间卧碑行，不许故违"，并做出许多具体规定。关于提学职权、职责方面，"本职专督学校，不理刑名"。关于师生教学要求方面，"学者读书，贵乎知而能行。先将圣贤经书熟读背诵，牢记不忘。欲从师友讲解明白，俾将圣贤言语，体而行之。敦尚孝悌忠信、礼义廉耻之行，不许务口耳之学，将来朝廷庶得真才任用"。

明代对生员品行不端有严厉的惩戒规定。据《明史·选举志一》，洪武二十六年（1393年）规定，生员"有大过者，俱送部充吏，追夺廪粮"，即不仅革除学籍、罚充劳役，还要追还入学以来得到的廪膳钱粮。弘治十六年（1503年）题准，"生员不拘廪、增、附学，敢有傲慢师长、挟制官府、败伦伤化、结党害人者，本学教官具呈该管官员，查究得实，依律问罪。合充吏者，发本布政司衙门冲吏，役满为民当差"。

清顺治九年（1652年），仿明代之制，刊立卧碑，置于各学校明伦堂之左，晓示生员："朝廷建立学校，选取生员，免其丁粮，厚以廪膳，设学院、学道、学官以教之，各衙门官以礼相待，全要养成贤才，以供朝廷之用。诸生皆当上报国恩，下立人品。"[1]

嘉庆《宁远县志》载有"学校卧碑"，《清会典事例·礼部一百》亦录有卧碑全文，共八条：

一、生员之家，父母贤智者，子当受教；父母愚鲁，或有非为者，子既读书明理，当再三恳告，使父母不陷于危亡。

---

[1] 嘉庆《宁远县志》卷之四《学校志·学校卧碑》。

二、生员立志，当学为忠臣清官，书史所载忠清事迹，务须相互讲究。凡利国爱民之事，更宜留心。

三、生员居心忠厚正直，读书方有实用，出仕必作良吏。若心术邪刻，读书必无成就，为官必取祸患。行害人之事者，往往自杀其身，常宜思省。

四、生员不可干求官长，交结势要，希图进身。若果心善德全，上天知之，必加以福。

五、生员当爱身忍性，凡事司官府衙门，不可轻入，即有切己之事，止许家人代告。不许干与他人词讼，他人亦不许牵连生员作证。

六、为学当尊敬先生，若讲说，皆须诚心听受。如有未明，从容再问，毋妄行辩难。为师亦应尽心教训，勿致怠惰。

七、军民一切利病，不许生员上书陈言。如有一言建白，以违制论，黜革治罪。

八、生员不许纠党多人，立盟结社，把持官府，武断乡曲，所作文字不许妄行刊刻，违者听提调官治罪。①

康熙四十一年（1702年），御制《训饬士子文》，颁行各学。

国家建立学校，原以兴行教化，作育人材，典至渥也。朕临驭以来，隆重师儒，加意庠序，近复慎简学使，厘剔弊端，务期风教修明，贤才蔚起。庶几械朴作人之意，乃比来士习未端，儒效罕著。虽因内外臣工奉行，未能尽善，亦由尔诸生积锢已久，猝难改易之故也。兹特亲制训言，再加警饬，尔诸生其敬听之。

从来学者，先立品行，次及文学，学术事功，源委

----

① 《清会典事例·礼部一百》。

有叙。尔诸生幼闻庭训，长列宫墙，朝夕诵读，宁无讲究？必也躬修实践，砥砺廉隅，敦孝顺以事亲，秉忠贞以立志。穷经考业，勿杂荒诞之谈；取友亲师，悉化骄盈之气。文章归于醇雅，毋事浮华；轨度式于规绳，最防荡佚。子衿佻达，自昔所讥。苟行止有亏，虽读书何益？若夫宅心弗淑，行已多愆，或蜚语流言，胁制官长；或隐粮包讼，出入公门；或唆拨奸猾，欺孤凌弱；或招呼朋类，结社要盟。乃如之人，名教不容，乡党切齿。纵幸逃褫扑，滥窃章缝，返之于衷，能无愧乎？况乎乡会科名，乃抡才大典，关系尤钜。士子果有真才实学，何患困不逢年？顾乃标榜虚名，暗通声气，夤缘诡遇，罔顾身家。又或改窜乡贯，希图进取，嚣凌腾沸，网利营私。种种弊端，深可痛恨。且夫士子出身之始，尤贵以正，若资厥拜献，便已作奸犯科，则异时败检逾闲，何所不至，又安望其秉公持正，为国家宣猷树绩，膺后先疏附之选哉？朕用嘉惠尔等，故不禁反复惓惓。兹训言颁到，尔等务期共体朕心，恪遵明训，一切痛加改省，争自濯磨，积行勤学，以图上进。国家三年登造，束帛弓旌，不特尔身有荣，即尔祖父亦增光宠矣！逢时得志，宁俟他求哉！若乃视为具文，玩愒弗儆，毁方跃冶，暴弃自甘，则是尔等冥顽无知，终不能率教也！既负栽培，复干咎戾。王章具在，朕亦不能为尔等宽矣！自兹以往，内而国学，外而直省乡校，凡学臣师长皆有司铎之责者，并宜传集诸生，多方董劝，以副朕怀。否则，职业弗修，咎亦难逭。勿谓朕言之不预也，尔多士尚敬听之哉！①

① 嘉庆《宁远县志》卷之四《学校志·御制训饬士子文》。

该文以论理为主，告诫诸生："必也躬修实践，砥砺廉隅，敦孝顺以事亲，秉忠贞以立志。穷经专业，勿杂荒诞之谈；取友亲师，悉化骄盈之气。文章归于纯雅，毋事浮华；轨度式于规绳，最防荡佚。"文中列举学风、士风败坏的主要表现，要求士子"恪遵明训，一切痛加改省，争自濯磨，积行勤学，以图上进"。①

雍正七年（1729年）议准，令各省督抚转饬地方官，"钦定卧碑、御制训饬士子文，敬谨刊刻，装潢成帙，奉藏各学尊经阁内。遇督抚等到人，及学臣到任案临，于祗谒先师之日，该教官率生员贡监等诣明伦堂，行三跪九叩礼毕，教官恭捧宣读，令其拱听。如有无故规避者，行学戒饬。其有居址遥远者，令其轮班入城，恭听宣读。至生员贡监内，有唆讼抗粮，缘事曾经戒饬者，令其阶下跪听，以示惩戒。倘该教官不实力奉行，或借端需索、奉行不善者，许该管上司题参议处"②。

关于对生员的禁令约束，据《清会典·仪制清吏司六》载："生员不得充当书吏，入伍食粮，及开设牙埠以贴补生计。生员不得抗粮逋（逃）赋，违者褫革。""其有聚众罢考，挟制官长，及关涉词讼，无故挺身作证，并有巧构讼端，潜身局外者，俱分别革惩。"

生员由该学教官负责管理，但府学生员家住百里之外的，归本地管理。即"在州从州，在县从县，令州县学教官带理月课。至府学生员有干犯学规者，亦许州县学教官严加约束。其岁、科考试、帮补（升为增广、廪膳生）出贡（应科举和国子监贡生）、丁忧起复等项，仍归府学职掌"③。即使已被革除学籍的生员，"仍令教官随时造册牒送州县，以备察查。如革后冒充衣顶，按律治罪"④。地方学校管理总的指标是以无过、去弊来体现的。

---

① 《清会典事例·礼部一百》。
② 《清会典事例·礼部一百》。
③ 《清会典事例·礼部九十三》。
④ 《清会典·仪制清吏司六》。

全国各地方文庙皆隶属于国家官学系统，由国家颁行统一的管理、监督、考察制度，各地方文庙遵照国家统一规定而各自实施。宁远文庙亦不例外，其用于管理学生、学校事务的学规，皆同步于国家颁行的学规。

办学经费来源

史料缺载早期地方学校的办学经费情况，地方教育主要依靠地方当局自办，经费主要靠地方当局筹措，无固定的经费。

唐代，特别在太宗时期学校高度发展的情况下，州县学也有所发展，曾一度州县莫不有学。但究其实，学校多有名无实。宪宗时，刘禹锡任夔州刺史，感叹天下学校荒废，曾写奏记致宰相，认为天下校舍倒塌，生徒少是由于经费不足。他指出当今把经费用于春秋释奠孔子，对于学校办学并没有什么帮助。例如夔四县每年释奠费十六万，以此类推，天下州县费用就要四千万。他建议博士们讨论把天下州县牲牢衣币礼仪的费用，用于增设学校，以其半数归之太学，犹不下万计。虽然当时他的建议没有得到采纳，但是这个上疏可以说明当时天下学校衰败的情况已经引起关心教育人士的注意，并提出一些解决问题的设想。[1]

关于唐代州县学衰落的问题，如欧阳修《襄州谷城县夫子庙记》中载："隋唐之际，天下州县皆立学官，置生员。而释奠之乱，遂以著令。其后州县学废，而释奠之礼，吏以其著令，故得不废。学废矣，无所从祭，则皆庙而祀之。"[2]即是说，隋唐之际，天下州县皆立学官并令行释奠礼，后来州县学荒废而释奠之礼则没有废除。马端临《文献通考·学校考》中也承认自唐以来州县都有学校，但许多前贤文集皆

---

① 《新唐书·刘禹锡传》。
② 《文献通考·学校考四》。

谈到庙而没有提到学校。一些官吏看到办学过程复杂而且费用大，而修缮文庙既可以不荒废祭孔又比较容易做到。如马端临说："自唐以来，州县莫不有学，则凡学莫不有先圣之庙矣。然考之前贤文集，如柳子厚《柳州文宣王庙碑》，与欧公此记，及刘公是《新息县、盐城县夫子庙记》，皆言庙而不及学。盖衰乱之后，荒陋之邦，往往庠序颓圮，教养废弛，而文庙独存。官吏之有识者，以兴学立教，其事重而费钜，故姑葺文庙，俾不废夫子之祠，所谓犹贤乎已。"①刘禹锡认为，学校发展不起来是因为经费用之于释奠礼而没有用之学校。马端临也认为史料都谈到庙而不及学，说明战乱之后，兴学立教，事重而费钜。还有学者则认为在唐初学校大发展时期曾有过州县设学的指示，但也只是在良吏当政时才能注意到教育问题，实际学校本来就没有被普遍设立起来，并不是由于战乱才荒废的。可见，在国家用于文庙办学的经费不固定时，难以从经济上保障文庙的持续发展。

北宋时开始实施学田制度，即官府拨给学校固定田亩，以田租作为办学经费。国家用于教育的经费开始有了一定程度的保障。据《宋会要辑稿·崇儒二》载，乾兴元年（1022年），兖州立学，朝廷赐田十顷。熙宁四年（1071年），诏诸路转运司，应朝廷选差学官，州军拨田十顷充学粮。原有田不及者益之，多者听如故。凡在学有职事者，于学粮内优定请给。崇宁元年（1102年），应本路常平户绝田土物业，契勘养士合用数拨充；如不足，以诸色系官田宅物业补足。即将无主绝户的田地资产，按学校养士所需要的数额拨给，不足部分再从官产中补充。后规定，凡赡学田业都免税。②

元代地方学校经费来源于官府拨款或学田收入。元代学校较之辽、金为发达，世祖至元间学校数达二万四千四百余

①《文献通考·学校考四》。
②《宋会要辑稿·崇儒二》。

所。[1]世祖诏江南各路学田，由官府改归本学管理；同时规定学官职吏对于学田，如有以熟为荒，减额征租，或接受贿赂，容纵豪右占领，及巧立名目，欺蒙冒支，提调官须加查究。[2]元代对于教育经费，保护尚称周到，故学校数量较多。然元代重佛轻儒，学校之设，仅以笼络汉人，故数量虽多，但当时名儒未闻有由学校出身者。明太祖谓元代"学校虽设，名存实亡"[3]，盖非过论也。

明代地方学校的经费由政府按规定拨发，包括教官的俸禄，师生的膳食费用，甚至操办师生伙食的人员的费用。如据《明会典·学校》载，师生每日坐斋读书，及日逐会馔，有司金与斋夫、膳夫。府学膳夫四名、斋夫八名，州学膳夫三名、斋夫六名，县学膳夫二名、斋夫四名。不许违误缺役。还有令提调官员，凡学内殿堂斋房等屋损坏，即办料量工修理，其斋夫、膳夫、学粮、学田等项，俱要以时拨给，不许迟误克减。但经费全由地方当局列支，难以全部得到切实保证。甚至朝廷也以各种缘由克扣经费，如嘉靖末年因抗倭军兴，师生俸廪一律裁减二成，后乃至废廪饩借充兵饷。战争结束后，有些地方遂不再恢复原额。由于维修校舍的经费开支较大，其筹集更难保证。明代后期，一些地方学校设有学田，也有出租学校空地来补充经费的。据嘉庆《宁远县志》载，洪武二年（1369年），知县朱公庆复建宁远文庙后，被赐赡学田，粮六百石。说明此时，宁远文庙亦是有学田的。

洪武初年除教官按等支俸外，凡师生每月支廪米六斗，并给鱼肉。洪武十五年（1382年），规定学田之制，府学一千石，州学八百石，县学六百石，应天府学一千六百石。每学设会计专员管理收支，学校经费定额发放且有所增加，

---

① 《元史·世祖纪》。
② 《元史·刑法志》。
③ 《明史·选举志》。

师生月廪增加为一石。

清代地方学校经费来源情况同明代。教官俸禄、生员廪膳均由官方发给，府州县提调官员，"凡学内殿堂斋房等屋损坏，即办料兴工修理。其斋夫、膳夫、学粮、学田等项，以时发给，不许迟误克减"①。此外如文庙春秋祭奠等费用亦由地方列支。校舍大修的费用额取决于其规模程度大小。维修个别建筑需银数十两，普遍维修需银数百两。如果是全面重建，费用则需数千两之多。如此高的费用是地方难以投入的，主要是通过长官倡导、多方集资筹措。清代部分学校亦有学田设置，但较明代为少。学田多为州县所设。也有民间助学捐置学田的。

宁远文庙的办学经费同样主要依靠政府的拨款以及学田的固定收入。嘉庆《宁远县志》载宁远文庙有学田和学铺作为办学经费的来源："学田在岭脚中则，田七亩，大小共十坵。""学铺有二处，一在迎薰门外望仙桥下，计地十间。一在文昌门外雨亭桥下，计地十八间。每年收租银一十二两。"②

宁远文庙的经费支出除了用于学生和教师，还有文庙的祭祀以及文庙日常维修。如县志记载：

> 廪生二十名，（每名折米银七两二钱）共银一百四十四两。（顺治十四年裁三分之二，核银九十六两。康熙二年全裁）
> 康熙二十四年奉复银四十八两。（给廪生作灯油之资）
> 岁贡生员正陪脚力花红银一十两。
> 岁贡盘缠银一十五两。（康熙十七年全裁）

①《清会典事例·礼部九十三》。
② 嘉庆《宁远县志》卷之四《学校志·附学田/附学铺》。

科举贡生盘费银二十五两。

学院岁科考试卷花红供应银共三十两。

会试举人长夫银四两八钱四分六厘。

本县季考银一十二两。（康熙十七全裁）

文庙二祭银共四十两。

修理文庙银三两三分三厘。

文庙香烛纸银一两二钱六分。

启圣祠二祭银七两。（乾隆十三年奉文增银一两）。

名宦乡贤祠二祭共银二十二两。（乾隆十三年奉文减银一两）。[1]

从上可知，宁远县学的运营所需要较多的银两，单靠学田、学铺收入难以为继，主要依靠朝廷的拨款。文庙的经费来源，决定了文庙的发展。纵观文庙发展的历史，但凡文庙发展的繁盛时期，都是国家强盛之时，因为文庙办学所需要的经费主要是来源于国家。每当王朝政治清明、经济繁荣、国家太平，文教事业的发展才有强力的经费保障。

---

[1] 嘉庆《宁远县志》卷之四《赋役志·解支》。

宁远文庙的
建筑及特点

建筑形制：完备有序

前导建筑：营造氛围

奉祀建筑：主次分明

教学建筑：对称而立

文庙作为列入国家祀典的庙宇，是国家礼制性建筑，同时又作为地方官办学校，其建筑式样、规格、等级、高低大小等，都受到礼仪制度的约束，历代中央王朝也都颁行了统一的规定。因此，各地文庙建筑呈现出一些共同的特性。但因修建年代、工匠水平、各地建筑特色、地形地势、经济状况、民俗风情等的不同，各地文庙建筑也呈现出丰富多彩的地域特色。

宁远文庙建筑群主要包括"庙"的建筑与"学"的建筑，"庙"指奉祀孔子的庙宇建筑，"学"指进行儒学教育的地方官办学校建筑（古时称作"学宫""学舍"等）。其建筑的配置、名称、功能与其他文庙大致相同，但也有不同之处。宁远文庙建筑呈现出既符合国家的统一要求，又兼具宁远地区地方特色的特点。

建筑形制：
完备有序

文庙建筑形制未见有明文规定，但各地文庙基本上大同小异。文庙自创建以来不断发展，经历各时期建筑数量的增加、建筑规模的扩大、建筑等级的变化等。发展至清代，文庙形制基本定型。

2016年宁远文庙建筑全景图

湖南宁远县学文庙现存建筑规模主要由清同治十二年（1873年）至光绪八年（1882年）重建形成的，其建筑形制完备，是南方现存规模较大的文庙建筑群之一。

据民国《宁远县志》记载，明嘉靖二十六年（1547年），"知县刘孔愚复移故地而重建之，中为大成殿，其旁为东西庑，前为戟门，门左为名宦祠，右为乡贤祠，更前为棂星门，门外为泮池，池左为登圣坊，右为步贤坊，殿之左为明伦堂，为进德、修业两斋，为仪门，为儒学门，门外三坊曰青云、曰丹桂，曰成德。殿之后为启圣祠，为尊经阁，为敬一亭，为学仓，而教谕训导两署分居其左右焉"。可见，在明嘉靖朝时，宁远文庙的建筑形制就已完备。

现宁远文庙建筑群坐北朝南，环以砖墙，呈封闭的长方形形状，南北纵深约170米，东西宽约60米。中轴对称式布局：中轴线上从南到北依次有照壁、泮池、棂星门、大成

2018年宁远文庙建筑全景图（文庙所长郑成德分享）

门、大成殿、崇圣祠（启圣祠），两侧对称有登圣坊、步贤坊；腾蛟门、起凤门；名宦祠、乡贤祠；东庑、西庑；明伦堂、尊经阁。

宁远文庙未开正门，最南面墙则为照壁，未见题字，照壁后设泮池，池上未设桥。泮池左右庙墙上为登圣坊、步贤坊，东边题"德配天地"，西边题"道冠古今"，这是出入文庙的主要通道。泮池后为棂星门，是四柱三间式全石建筑，门前立两尊石狮。棂星门后是大成门，大成门左右分别为名宦祠、乡贤祠，大成门与其左右的名宦祠、乡贤祠相连构成一道屏障，将文庙分割成"前园后院"式两种风格。大成门前为两片园地，种植各种花草树木。靠近名宦祠、乡贤

宁远文庙前园改造后景观（文庙所长郑成德分享）

祠附近的东西墙上，分别辟"腾蛟门""起凤门"。大成门后为大成殿，主祀孔子，殿前有露天月台、庭院，左右为东西两庑，是奉祀孔门弟子及历代名儒的地方。大成殿后为崇圣祠，奉祀孔子上五代先人。崇圣祠前东西两侧为明伦堂、尊经阁，是古代学生上课、修习、查阅的地方。明伦堂、尊经阁、大成殿、崇圣祠通过柱廊相连通构成一个东西南北闭合的四合院落。

宁远文庙建筑布局的特色是"前园后院"式，以大成门一线为界，分南北两段，南段一派中国园林式布局，北段为典型的中国四合院式布局。"后院"由两进院落构成，一是以大成殿为主体的，两边建有东西庑，这是整个文庙的中心部分；二是以崇圣祠为主体的，两边建有明伦堂、尊经阁，这是整个文庙的尾部空间。通过条条柱廊将大成殿、东西庑、崇圣祠、明伦堂、尊经阁等主体建筑紧密连接，整个"后院"浑然一体，在南方多雨季节穿行于文庙各建筑之间也非常便利。

前导建筑：
营造氛围

前导建筑主要用来营造氛围，利用名称和题词赞扬孔子思想及其功绩，培养祭拜者的崇敬之情。如"万仞宫墙""礼门""义路""步贤坊""登圣坊""德配天地""道冠古今""腾蛟门""起凤门"等名称和题词，这些都彰显了文庙的儒家文化特色。宁远文庙的前导建筑主要有照壁、门、坊、泮池等。

照壁

照壁，又名宫墙、屏墙、影壁，一般位于文庙的庙门前，而宁远文庙因为没有开辟正门，所以照壁即最南端的围墙。围墙长约60米，是构成整个文庙围墙的一部分，也是文庙南北中轴线上的第一座构筑物。

据嘉庆《宁远县志》记载："嘉庆元年，教谕于公衮，重修周垣照壁。"可见在明朝时，宁远文庙就已经有照壁存在。据学者孔祥林先生考证，文庙中照壁存在的历史是，"照壁在宋元庙图和记述中均未见到""明代虽然有许多文庙建造了照壁，但是还很不普及""到清代时照壁才普及起来""到清代末期，几乎没有一所文庙没有建造照壁"。[①]可知宁远文庙有照壁的历史较早。

照壁这块墙面，一般会用来题字以颂扬孔子，最多见的题字为"万仞宫墙"。《论语·子张》中子贡说："夫子之墙数仞，不得其门而入，不见宗庙之美，百官之富，得其门者或寡矣。"子贡用"数仞宫墙"来比作孔子学问的高深，并指出能够找到门进去的人并不多，而后人认为"数仞"还难以表达对孔子的赞颂，遂题作"万仞"。

现宁远文庙照壁内外均未见题字，亦未装饰，上覆黄色琉璃瓦，为庑殿顶。壁内可见红墙，壁外可见的是一排门面店铺。1993年经湖南省文物局批准，将照壁改建成了文渊阁。文渊阁建设时间从1993年5月至1994年3月，面积192平方米，共有门面16间。现由文庙向外出租给各商家经营。

照壁的建制没有统一的礼制规定，各地各不相同，其样式丰富。但其功能则主要是屏障、遮挡，让污秽远离庙内。宁远文庙照壁虽已改成文渊阁，但依然起到了照壁的障蔽作用。

登圣坊、步贤坊

明嘉靖二十六年（1547年），知县刘孔愚重建文庙，"中为先师庙，前为东西庑，为戟门，左为名宦祠，右为乡贤祠，前为棂星门，门外为泮池，左为登圣坊，右为步贤坊，殿左为明伦堂，为两斋"，是县志中有记载的名称及所处位置。

① 孔祥林等：《世界孔子庙研究》，中央编译出版社2011年版，第204—205页。

但清同治光绪年间重建后，民国《宁远县志》有记载文庙布局，"泮池，左礼门，右义路，又南为屏墙"。可知，以前文庙中登圣坊与步贤坊所处位置对应的是礼门与义路，名称发生了变化。

按最近年代的称呼，现应称为礼门与义路，但关于宁远文庙的介绍，对偏门都称呼为登圣坊与步贤坊。

宁远文庙登圣、步贤坊现为文庙的主要出入口，是开在东西庙墙上的一对偏门，位置靠南。因文庙未开设正门，进出文庙则主要由此经过，是宁远文庙的第一道东西偏门。位置在文庙东墙的称作登圣坊，坊间嵌有"德配天地"，并饰以龙凤纹。位置在西墙称作步贤坊，坊间嵌有"道冠古今"，也饰以龙凤纹。现文庙只开放步贤坊，游客可由此门买票进入文庙参观。

宁远文庙登圣、步贤二坊的建筑形制相同，东西相对，内置角亭，外为砖砌门坊，上覆黄色琉璃瓦（光绪间改换为黄色琉璃瓦）。"登圣""步贤"意指文庙为踏入圣域、求学入世之门径，引领学子入文庙则以"圣贤"为标杆。

宁远文庙步贤坊

宁远文庙登圣坊

腾蛟门、起凤门

"腾蛟起凤"出自唐代王勃的《滕王阁序》："腾蛟起凤，孟学士之词宗"，形容人才众多，一般用作文庙过街坊的名称，也有用作文庙偏门或侧门的名称。"腾蛟""起凤"一般成双且对称出现在文庙，"腾蛟"在东，"起凤"在西。于宁远文庙则是作为文庙偏门的名称，寄寓着本地对人才蔚起、为本地造就杰出人才的期望。

宁远文庙腾蛟、起凤二门建于清乾隆时期。据记载：清乾隆十四年（1749年），"训导陈登庸建腾蛟、起凤二门"①。现宁远文庙腾蛟门为立柱门坊，上面覆盖小青瓦，开设于文庙东面庙墙，靠近名宦祠。而起凤门为了便于管理现已封闭。按照规制起凤门本应开设于文庙西面庙墙，与腾蛟门呈对称布局，也是立柱门坊，上覆小青瓦，紧靠乡贤祠。据现在文庙管理所所长表示，为了恢复宁远文庙的建制，在不久后将会重新恢复撤去的起凤门。

泮池

泮池即泮宫之池，也称泮水，是古代地方官学的标志。也就是说，古代学校前一般都有一个池，其存在是学校的一个标志，一般池上设桥，称泮桥。科举时代学生入学也称为入泮。

泮池始设于南宋时期，到清朝后期几乎所有的文庙都设置了泮池，即使在缺水的北方就算只能是一个干坑也一定会设置。由此可见，泮池成为宋以后学校的标配。

① 民国《宁远县志》卷第三《建置》。

关于宁远文庙泮池设置时间没有相关文献记载，但嘉庆《宁远县志》载：在明嘉靖二十六年（1547年），知县刘孔愚重建宁远文庙，建有泮池，并描述了泮池在文庙的位置："棂星门，门外为泮池，池左为登圣坊，右为步贤坊。"

宁远文庙的泮池在棂星门之前，照壁之后，呈半圆形，直径长34.06米，弧长53.78米，由条石垒砌，环以石砌护栏，护栏上有51块以儒家文化为主题的石刻。泮池上未架设桥。池中种莲花，养有游鱼。

宁远文庙中小小的泮池，不仅赏心悦目，还具有其他方面的功能。其一，便是蓄水。泮水与南边的泠江相通，所蓄之水为活水，给文庙增添了几分鲜活之气；其二，具有消防作用。因文庙中部分建筑材料为木质，易燃，泮池中蓄水则可用于发生火灾时就近取水灭火；其三，防渍防涝。宁远文庙庭院虽皆条石，铺设平整，亦不见排水设施，所有雨水却都流入了泮池，在南方多雨季节也没有发生过渍涝。这是什么原因呢？经勘察，原来奥秘就在整个文庙地面下都先铺有深达数尺的细砂，紧压之后再铺设砖石，下雨时，雨水渗入沙层，而后随着地势向下汇入前院的泮池，所以多雨季节也不见文庙积水。此外，泮水还起着调节整个文庙小气候的作用。半圆形的泮池，给文庙中轴线对称式的布局增加了灵气，有方有圆，方圆结合，优化了文庙的整体环境。

同时，泮池还被赋予了很多美好的愿想。古时学生入学初，需绕行泮池三圈，意为遨游学海。半圆的水池，不盈不亏，也象征着"学无止境"，永远不可自满；也有说在校学问只为人生中的一半，出社会后的为人处世学问更是一半。泮池的存在，也暗含着希望学子从圣人"乐水"中得到启示，儒家思想"孔泽流长"等意味。

棂星门

"棂星"即"灵星",又称"田天星""龙星",古时认为其主管农事,以壬辰日祀于东南,取祈祷丰年、报功谢恩之义。因汉高祖刘邦祭天时先祭灵星,所以后人认为祭祀灵星如同祭天。文庙设置棂星门以表示祭孔如祭天,是表示对孔子的无上崇敬。

文庙设置棂星门,最早是在南宋乾道五年(1169年),见于严州州学文庙。元、明时期不少文庙陆续添建,到清朝时期棂星门就几乎成为文庙必设的建筑之一。

宁远文庙在明朝"弘治六年(1493年),知县梁元振加建棂星门""棂星门旧以木楯""隆庆六年(1572年),署县事道州判黄文科,易棂星门以石"。①宁远文庙的棂星门,在文庙泮池之后,大成门之前。各时期《宁远县志》皆记载了棂星门的位置:"戟门,左为名宦祠,右为乡贤祠,前为棂星门,门外为泮池。"现位置也是如此。现宁远文庙的棂星门为三间四柱、无楼冲天柱式牌坊,青石结构,卯榫相接,没有使用任何粘接材料,可见古代建筑工匠技术之高超。

宁远文庙棂星门正间高约7.7米,次间高约6.8米,三间面阔约8.7米,主要由基座、柱、抱鼓石、额枋和花板等构成。明间最高,左右次间略低。明间顶部额枋上置葫芦宝顶。坊心正反两面题刻坊名:"櫺星門",即"棂星门",为清朝乾隆皇帝御书。"棂星门"门匾左右各侍立一位文官,是浅浮雕人物图案,一曰加官;一曰晋爵。表达学子对加官晋爵,光耀门楣的追求。次明间花板未题字,饰有祥花瑞草图案。

宁远文庙棂星门四柱分别立在一座独立的基座上,基座

---

① 民国《宁远县志》卷第三《建置》。

宁远文庙棂星门正面

长1.885米，宽0.555米，高0.78米，四柱前后各有抱鼓石，抱鼓石高1.69米，抱鼓石上浅雕暗八仙图案。四柱柱头伫立着四尊圆雕石狮，纷纷望向门中间，与棂星门门前两尊大石狮相呼应。

棂星门额枋三层，额枋上施高浮雕图案，主要是龙凤纹样，非常精美，是宁远文庙石雕中的精品之一。明间中层额枋及其上边的花板上雕刻的群龙图样，是整个棂星门石雕的中心突出部分。花板上雕刻着五条龙，两侧则为镂空隔窗。"五龙"中特别突出中间的"坐龙"，下面四龙龙头分两边齐整望向上面的坐龙，加上下边额枋上的"双龙戏珠"中两龙头也回望龙头，使"坐龙"地位突出，威风凛凛。而上层额枋上的"双狮戏球"中两狮子匍匐着望向坐龙，进一步突出"坐龙"高高在上，也使整个画面看起来更有威严肃穆之感。下层额枋上为"双狮戏绣球"图案。与正面不同的是，明间反面上层额枋上的图案是"双凤朝阳"，双凤在龙头左

大成门

从棂星门看宁远文庙大成门（其左右为乡贤祠、名宦祠）

宁远文庙大成门门厅

宁远文庙研究

右，只凤头采用了高浮雕，身上装饰大多是浅浮雕与线雕，更加突出了龙头，增加了整个画面的动态感和层次感。

宁远文庙棂星门次间，也是三层额枋，上层额枋上为振翅飞翔的凤凰，下层花板是镂空金钱花格，中间额枋雕刻"神龙摆尾"图案，而龙头也望向明间的"坐龙"，下层额枋上则雕刻着两只麒麟前后追赶。次间反面还雕有鹤、鹿、猴，表达的是对长寿、福禄、官侯等美好意愿的追求。

棂星门虽称作门，但是在宁远文庙失去了门的作用。因为宁远文庙未开正门，南面的照壁与东西的庙墙组成了一个封闭的空间，在棂星门稍前的东西墙上建了登圣坊、步贤坊作为主要出入口。所以，棂星门退居在泮池与大成门之间，成了庙中的牌坊，仅为装饰，失去了门的实际功能。但棂星门的石雕艺术及其所表达的意境与视觉效果，都烘托了棂星门在文庙中的重要地位。具有一定庄严性、寓意吉祥的棂星门，成为文庙学生的必经之门。

大成门

大成门，为大成殿的正门，又称作戟门、仪门。根据《孟子·万章下》载："孔子之谓集大成，集大成也者，金声而玉振也。"宋仁宗嘉祐六年（1061年），把孔子庙正殿改为大成殿后，随即有了"大成门"之称。"大成"之名旨在突出孔子思想的"集大成"。

宁远文庙大成门高13.5米、宽6.1米、深12.4米，面阔三间，有正门与侧门之分，为过厅式大门。门扇上嵌七路金色的门钉和威严的铺首兽头，象征孔子位高王侯。与通常的歇山顶不同的是，宁远文庙大成门为单檐硬山顶，配以三重马

宁远文庙大成门擎檐高浮雕云龙石柱一　宁远文庙大成门擎檐高浮雕云龙石柱二　宁远文庙大成门匾额

头封火山墙，上盖黄色琉璃瓦，屋顶正脊中间置宝顶，正脊两端为鸱吻。名宦、乡贤两祠分别在其左右与马头墙相连，形成一道东西屏障。马头墙上，飞檐翘起，壁上还绘有各种图案，有袒胸且头上长角的神仙，有腾云而来的仙翁仙童，有在石径上行进的文官，还有松鼠、蝙蝠、童子等。

大成门擎檐为石柱，明间前后4根高浮雕云龙石柱，采用镂孔高浮雕的工艺制成，龙身盘旋而下，猛地扬起龙头，造型生动，极具动感，龙头望向正殿，充满了崇敬之意。

"大成门"的门额，为清雍正皇帝御书。门额四周镂空雕刻着九龙、凤鸟、花舟木雕图案，"九龙"缠绕护着门额，两只"凤鸟"用"花舟"托着门额，构图非常精美。

大成门两旁悬有对联："半池风荷一院丹桂；千年文庙万代德名。"对联是今人所写，上联描绘的是从大成门望向前方的园中景色，"半池风荷"指泮池中荷花盛开的场景，"一院丹桂"指园中所种的桂花树。下联描绘的则是宁远文庙至宋始建以来的千年历史，千年学宫将德名史册。明间门槛两边各立石鼓，鼓上刻有龙凤图案。

奉祀建筑：
主次分明

祭祀孔子是文庙重要的功能，所以文庙中的祭祀建筑占据着主体地位。其中用于奉祀人物的建筑主要有：大成殿、东西两庑、崇圣祠、名宦祠、乡贤祠等。

大成殿

大成殿是整个文庙的主体建筑，殿内奉祀的人物有孔子、四配、十二哲，是整个文庙中规模最大、等级最高、装饰最华丽的。各地大成殿奉祀人物大体一致，但装饰、规格等略有不同，体现着不同的地方特色。

大成殿在唐代称为文宣王殿，因为唐玄宗开元二十七年（739年）加封孔子为"文宣王"。至宋朝改为大成殿，依据孟子称赞孔子为"集大成者"。宋徽宗崇宁二年（1103年），诏令天下文庙的文宣王殿改名为大成殿，后世一直沿用。

宁远文庙大成殿一（文庙工作人员拍摄）

宁远文庙大成殿二（文庙工作人员拍摄）

　　宁远文庙的大成殿位于中轴线上，前有月台及由青石铺成的宽广庭院，后为崇圣祠，两侧前分别为东庑、西庑。殿左通过柱廊与东庑、明伦堂相通，殿右通过柱廊与西庑、尊经阁相连。庙中所有建筑以大成殿为中心，通过柱廊相连通。即使在多雨的季节行走于文庙也可避免雨淋，非常便利。

宁远文庙大成殿面阔五间，进深三间，重檐黄瓦歇山顶。据光绪《宁远县志》记载，清同治光绪年间最后一次重建后的文庙，"中为正殿，台高五尺，宽八丈，栋高四丈八尺六寸一分"，"规模之宏阔，湖湘所仅有也"。

迎面看去，宁远文庙大成殿正中两层屋檐之间有一块淡蓝色的竖匾，书"大成殿"三字，为清雍正皇帝御书。殿为九脊屋顶，正脊两端设螭吻。螭吻相传为龙的儿子，好在险要处东张西望，也喜欢吞火，置于屋顶上以求能避火灾。螭吻尾部透空雕，因为南方多风，透空可以减轻风力。正脊正中置宝瓶，以宝瓶为轴，正脊两边对称装饰两个走兽，两边垂脊上也对称装饰两对走兽。两层飞檐，檐角上扬，第一层飞檐翘角处装饰物是龙头，第二层飞檐翘角处装饰物是凤头。龙、凤作望兽状装饰于翘角寓意能辟邪。四角高高向上翘起，既便于雨水的排泄，又增添了轻盈欲飞的美感。角脊始端靠近屋檐处各伫立一个望兽，望兽立在一个台基上，守护着大成殿。

殿基与月台相连，但高于月台。月台，也称拜台，露天，与大成殿呈"凸"字形布局。台周设栏板，月台为须弥座台基，是举行祭孔仪式的重要场所。围以石护栏，栏柱顶置宝瓶或圆雕石狮，月台周围及防护栏上是精美的石雕，雕刻着寓意聪明、吉祥、福禄寿齐至的图案。月台设三陛，南面、东面和西面各一。东西台阶是单阶，为上下月台的通道。南面没有台阶，仅有雕刻五龙戏珠的龙陛。"五龙戏珠"图案采用的是高浮雕镂空工艺，精雕细琢，其精美程度可与龙凤石柱上的雕刻相媲美。

大成殿内现有先师孔子的青铜塑像和四配的泥塑像。孔

宁远文庙大成殿前洗净后的五龙戏珠丹陛石（文庙工作人员拍摄）　宁远文庙大成殿前五龙戏珠丹陛石（2016年拍摄）

子塑像位于正中靠墙壁，四配塑像于东西两侧各有两配，塑像都立于须弥基座上。孔子塑像所立基座由灰色大理石雕成，长4.54米，高1.69米，正面为高浮雕镂空的《二龙戏珠》及两旁各立一位侍者图案，两侧分别是《麒麟献瑞》《凤舞九天》图案。孔子塑像为今人塑，较早由1989年县政府出资塑像。现孔子青铜塑像为2014年重塑，孔子不执圭，左手执右手，来源于唐代吴道子所画的《孔子行教像》。塑像前立牌位，塑像与牌位并存。虽然明朝嘉靖九年（1530年）厘正祀典，命令全国各地文庙撤除塑像而以木主代，但现代为了便于人们直观了解奉祀人物，不仅有塑像，也树立了木主，所以宁远文庙大成殿供奉的人物塑像与木主并存。

大成殿内梁枋上原有清代六位皇帝的御笔题匾，现仅存两块题匾。一块是嘉庆皇帝所题"圣集大成"，悬挂于北面居中的梁枋上。另一块是光绪皇帝所题"斯文在兹"，悬挂于南面居中的梁枋上。殿内的八根大木头柱子支撑起整个大殿，居中的四根柱子上，分别悬挂乾隆皇帝御书联，"气备四

宁远文庙大成殿内先师孔子塑像及周围陈设　宁远文庙大成殿内悬挂御笔题匾

时，与天地鬼神日月合其德；教垂万世，继尧舜禹汤文武之师"和"觉世牖民，诗书易象春秋永垂道法；出类拔萃，河海泰山麟凤莫喻圣人"。殿外正门两边悬挂 "德冠生民溯地辟天开咸尊首出，道隆群圣统金声玉振共仰大成"为雍正御书联。殿外最靠边的楹柱上挂"天下为公圣道孔彰人共奋；有教无类良师明伦士同尊"。

宁远文庙大成殿周围墙上还绘有51幅《圣迹图》，记述了孔子从自学成才到立学授徒的一生。大成殿装饰题材内容多为等级最高的龙凤装饰。其中，最精彩部分要数14根蟠龙飞凤石檐柱，柱群整齐精美。殿前8根，殿后6根。围绕大成殿组成14根龙凤柱群，分别是8根龙柱，6根凤柱，排列方式为正间为2根龙柱，旁边分别列凤柱，再列龙柱。龙凤青石柱，"高二丈"，约6米，采用高浮雕镂空工艺制成，取材为当地的青石，雕刻成的龙凤图案造型活泼多样，栩栩如生。

宁远文庙大成殿周围的龙凤石柱群，不同于曲阜孔庙的雕龙石柱，曲阜孔庙的石柱是先将石柱依石先雕龙柱形，然

宁远文庙大成殿前龙凤石柱群

宁远文庙大成殿前擎檐高浮雕龙柱一

宁远文庙大成殿前擎檐高浮雕龙柱二

宁远文庙大成殿前擎檐高浮雕凤柱一

宁远文庙大成殿前擎檐高浮雕凤柱二

后平地起花，浅浮雕雕出云龙图案。而宁远文庙的则是依石先雕龙身、云彩，后雕被云龙缠绕的柱径。一般龙身高出圆柱10～15厘米，龙头最高处，高出柱身25～40厘米。为了体现龙缠柱的力度感，艺术家们把它的鳞片设计成攒尖三角形，少了半圆形鱼鳞的软弱感。

据宁远文庙工作人员说，前些年故宫博物院准备将这20

根龙凤石柱复制收藏，宁远方面从北京、江浙等地请来一批专家学者和高手匠人，花费了十多万元经费，尝试了多种方案，都不能成功。其中最难处在于石柱采用了宁远当地的青石制成，这种青石坚且脆，不同于大理石等石材，在制作高浮雕、镂刻等工艺时，根本无法完成。在经过多方努力都告失败之后，专家名匠们最后不得不宣布放弃，宁远文庙龙凤石柱因此成为不可复制的绝世孤品。

东庑、西庑

东、西两庑分别位于大成殿前的左右两侧，主要奉祀人物是先贤和先儒，包括孔子的弟子及历代儒学大家。南端放置大儒名家，北端放置孔子的弟子。先贤先儒的人数和位次，历代变化比较大。据孔祥林先生考证：在唐朝文庙所有的配祭人员都奉祀在正殿，还没有厢房设置，直到宋代文庙才普遍增加了两庑。

宁远文庙东庑、西庑呈对称布局，属于廊坊式建筑，前出廊，灰瓦硬山顶，带三级封火墙，建筑不高。东庑北端与

宁远文庙东庑

宁远文庙西庑

明伦堂相连，中间隔着马头墙，通过柱廊与大成殿相连。西庑与东庑建筑形制相同，北端与尊经阁相连。

现宁远文庙东西两庑成为具有宁远地方特色的博物展馆，东庑被辟为"宁远名人展馆"，西庑被辟为"文物展馆"。

崇圣祠

崇圣祠，始建于明嘉靖九年（1530年），当时称作启圣祠，主祀为孔子的父亲启圣公叔梁纥。倡建的原因在于学校本是明人伦之地，而在文庙内儿子的位次在父亲之上与伦理不符。如颜回、曾参、子思配享于大成殿，而他们的父亲颜路、曾点、孔鲤却只从祀于两庑，这不符合伦常。所以建启圣祠，各地庙学纷纷仿照此规定。清雍正二年（1724年）改为崇圣祠，祀孔子五代先祖。崇圣祠是中央王朝推崇儒家主张的孝道、人伦的一个体现。

宁远文庙崇圣祠一

宁远文庙崇圣祠二

宁远文庙崇圣祠前擎檐高浮雕凤柱一　　宁远文庙崇圣祠前擎檐高浮雕凤柱二

宁远文庙的崇圣祠位于大成殿之后，居大成殿正北，是最后一进院落中的主体建筑，也是中轴线上最北端的一座建筑。面阔三间，前无月台，有九级台阶。屋顶为重檐硬山顶，上覆黄色琉璃瓦，正脊两端饰龙头鱼尾鸱吻，中置葫芦宝顶，两边设两级马头墙，马头墙上饰精美的灰塑图案。前檐有2根雕刻精美的凤柱，凤正引颈高鸣，欲展翅飞翔。殿前有垂带踏跺，垂带末端置抱鼓石。台阶前左右各立一尊石狮，为明代所刻。通过祠左右两边的走廊可以到达明伦堂和尊经阁。

名宦祠、乡贤祠

名宦，是指那些在当地做官、勤政爱民、官德突出的官员。乡贤，是指当地知名贤能的人士。中国祭祀文化源远流长，学校追思纪念名宦、乡贤的专祠很早便有，但没有统一的规定，各学校奉祀人物不一。建名宦、乡贤的祠堂祔祀于文庙的统一规定始于明洪武初年。

明洪武二年（1369年），"令天下学校皆建祠，左祀贤牧，右祀乡贤，附祭孔子庙庭"①。也就是说，在皇帝朱元璋时，命令所有学校建先贤祠，左边奉祀本地有政绩的官员，右边奉祀本地贤人，并于文庙春秋祀典时一起祭祀。后来，名宦和乡贤分祠祭祀，分别命名为名宦祠和乡贤祠。发展至清代，绝大部分学校都设立了名宦祠和乡贤祠。

凡有品学为地方所推重者，死后由大吏题请祀于其乡，入乡贤祠，春秋致祭。宁远地区人杰地灵、人才辈出，奉祀于文庙的名宦、乡贤在县志中都有记载，前面章节受祀对象部分已经列出，此不赘述。

宁远文庙名宦、乡贤祠的朝向是坐北面南，位于大成门东西两侧，之间由三级马头墙连接，与大成门成一线，是宁远文庙"前园后院"的界限。两祠建筑为单檐硬山顶，青瓦，木结构，前后出廊。

在文庙中祭祀名宦、乡贤，旨在为学子树立学习榜样和目标，以激励学子入孔子学堂要有好学之心，完成学业，修得高尚的道德情操。

① 民国《宁远县志》卷第六《祠祀下》。

教学建筑：
对称而立

文庙在古代是地方官办学校的所在，是进行儒学教育，培养以儒治国人才的场所。宁远文庙用于师生教学的建筑主要有明伦堂、尊经阁、学斋等。

明伦堂

明伦堂即讲堂。"明伦"二字出自《孟子·滕文公上》，"夏曰校，殷曰序，周曰庠，学则三代共之，皆所以明人伦也，人伦明于上，小民亲于下"。指出了古代学校皆以"明人伦"，即明白做人和事理为教育目标，以人与人之间的伦理道德为教学内容。因此，以"明伦"来命名文庙中用于读书、讲学、弘道、研讨的场所。

现宁远文庙明伦堂，坐东朝西，位于大成殿与崇圣祠左侧，即文庙东侧，与文庙西侧的尊经阁相对称，为清同治光绪年间所建。

宁远文庙明伦堂在历史上的重修及位置变动有如下几次

记载：据洪武《永州府志·学校》记载，宁远县学讲堂位于大成殿之后。据嘉庆《宁远县志》记载，明嘉靖二十六年（1547年），知县刘孔愚重建文庙，大成殿之左为明伦堂，即文庙东，正厅三楹，大门三楹，前列屏墙。这次位置变动的原因是明嘉靖九年（1530年）后各地文庙增建崇圣祠于大成殿之后，明伦堂只好改建于大成殿之左。后又历经多次重修，康熙二十年（1681年），知县沈仁敷创建文庙并建此堂。康熙四十八年（1709年），知县徐旭旦重修。乾隆十七年（1752年），知县钟人文继修。乾隆三十三年（1768年），知县詹尔廉重建文庙，于明伦堂并东斋地基堂，遂改建于文庙之西，制如旧。清同治光绪年间重修文庙，保存至今，明伦堂居大成殿东。

明伦堂在文庙中是最主要的教学建筑，是文庙中学校存在的标志。明伦堂与大成殿的位置关系，往往成为确定文庙

宁远文庙明伦堂（文庙工作人员拍摄）

中"庙"与"学"布局形式的判断依据。中国各级文庙基本的庙学布局形式有左庙右学、右庙左学、前庙后学，都是根据明伦堂与大成殿的关系来确定的。宁远文庙明伦堂居大成殿左，则可判断其庙学布局形式为右庙左学。受地方学校行政级别的高低，明伦堂一般分为面阔七间、五间、三间不等。县学文庙明伦堂一般面阔三间。宁远县学文庙明伦堂为廊坊式建筑，前出廊，单檐，硬山顶，上覆小灰瓦。

尊经阁

尊经阁即是藏书楼，相当于古代学校的图书馆，是古代学宫建制的一部分。学校的配套建筑，是贮藏六经、御制诸书及百家子史，供儒家弟子阅读的地方。据嘉庆《宁远县志》记载，尊经阁在大成殿围墙内，启圣祠右侧，阁中有高

宁远文庙尊经阁（文庙工作人员拍摄）

楼，恭贮御颁书籍，教训士子，文详载儒学交代册。尊经阁始建于宋，宋称"御书阁"，一般高两层，除了上层藏书外，下层也有供奉孔子和一些名儒塑像者。

现宁远文庙尊经阁，坐西朝东，位于大成殿与崇圣祠右侧，即文庙西侧，与文庙东侧的明伦堂相对称，建筑样式也与明伦堂同。

斋舍

斋舍是学生课后自修的地方。各地文庙的斋舍数量不等，但一般都有高雅的名字。宁远文庙，学生数量不多，"为两斋，曰进德，曰修业"[①]。以"进德""修业"命名斋舍，期盼学生在德行和学业上都能精进。

① 嘉庆《宁远县志》卷之四《学校志·文庙缘起》。

06>

宁远文庙的社会教化
与文化传承

文庙教化
文庙记文
文庙匾额
文庙楹联

宁远文庙创建于北宋乾德三年（965年），至今已有千余年的历史，在其发展的历程中，文庙始终承担着宁远地区文化传承的重任，记录着文化历史的痕迹。从现存的文字资料和实物资料中，我们得以窥见在历史文化变迁中的宁远文庙。

文庙教化

中国古代以教化立国，学校被视为实行社会教化的重要场所。《礼记·学记》中载："化民成俗，其必由学。"[1]《汉书·食货志》中述古制："里有庠而乡有序，庠以明教，序则行礼而视化焉。"[2]

自汉代始，地方官学不仅教授生徒，而且面向社会，更侧重于推广礼教、移风易俗。文翁兴学的缘由就是"蜀地辟陋，有蛮夷风"，通过奖励生员，使"县邑吏民见而荣之，数年，争欲为学官弟子，富人至出钱以求之，繇是大化"[3]。韩延寿为颍川太守时，"令文学校官、诸生皮弁执俎豆，为吏民行丧嫁娶礼，百姓遵用其教"[4]。东汉李忠为丹阳太守，"以丹阳越俗，不好学，嫁娶礼仪，衰于中国。乃为起学校，习礼容，春秋乡射，选用明经，郡中向慕之"[5]。宋均为辰阳长，为改变当地信巫鬼的陋习而"立学校，禁绝淫祀，人皆安之"[6]。汉明帝永平二年（59年），令"郡、县、道行乡饮酒（礼）于学校，皆祀圣师周公、孔子"[7]。不过地方学校与中央大学有一不同之点，就是他们除学习书本知识外，还需

① 《礼记·学记》。
② 《汉书·食货志》。
③ 《汉书·文翁传》。
④ 《汉书·韩延寿传》。
⑤ 《后汉书·李忠传》。
⑥ 《后汉书·宋均传》。
⑦ 《后汉书·礼仪志》。

学习地方公私吉凶礼仪。学习的大致主要内容为两个方面：化民善俗和传授知识。

唐代规定："诸州县学生，专习正业之外，仍令兼习吉凶礼。公私有礼事处，令示仪式，余皆不得辄使。"[1]地方学校的学生须学会祭奠丧葬之礼，在官府的统一安排下为社会服务。

宋代以后，地方官学主要作用是作为科举取士的预备场所。因为限制生员干预地方事务的学规得到强化，所以学校从事社会教育的具体职能有所削弱。但从原则上说，学校始终是推动一方教化的中心。

元代所编的《庙学典礼》载元世祖兴学诏言："盖学校者，风化之本，出治之原也。"要求："选择有德望、学问可为师长者，于百姓农闲之时，如法训导，使长幼皆闻孝悌忠信廉耻之言。礼让既行，风俗自厚，政清民化。"

学校采用"庙学合一"的建筑形式，更有利于推动尊孔劝学的开展。每月逢朔望日，州县"正官同首领官同率领僚属吏员，俱诣文庙。烧香礼毕，从学官诣讲堂，同诸生并民家子弟愿从学者，讲议经史，更相授受。日就月将，教化可明，人才可冀"[2]。

明清生员例免差徭，供给廪膳，官方以礼待之，其所受优待及出仕后的富贵对全社会均有激励作用。文庙所设乡贤、名宦、忠孝、节义等祠，亦对社会起示范作用。

清代有"讲约"的社会教育制度，每月朔望两日，各地于讲约公所宣讲《圣谕广训》及钦定律条，"务令明白讲解，家喻户晓"[3]。讲约的任务亦多由诸生承担。据光绪《通州志》卷五记载，"每月朔望，知州率僚属于城之居中公所，选诸生宣讲《圣谕广训》十六条，乡社之民环立敬听"。此

---

① 《唐会要·学校》。
② 《庙学典礼》卷一《官吏诣庙学烧香讲书》。
③ 《清会典事例·礼部一百》。

外，还有一些具有教化意义的礼仪活动在学校举行或需师生参与，如祭孔、乡饮酒礼等。

据《清会典·仪制清吏司六》，每年逢二、八月上丁日在文庙举行"释奠于先师"的祭孔典礼，地方学校要提供赞礼生、乐舞生，"并令优等生员暨贡监等分班陪列行礼"。每年逢正月望、十月朔在明伦堂举行乡饮酒礼，"用司爵二人，赞礼二人，引礼二人，读律一人，皆以生员充"。据《清会典事例·顺天府二》，乡饮酒礼为"朝廷敬老尊贤之大典"，主人为地方长官，宾客为乡里年高有德之人。"府学诸生咸预执事。"乾隆《延庆州志》记载，"凡进表、庆节、习仪、迎诏、释菜、鞭春、乡饮、上任、习射、习冠，俱于学择诸生之优于礼者赞行之。每祭祀，诸生随州官致斋如约"。

宁远文庙作为宁远县的官办学校，也一力承担起了宁远地区的社会教化功能。

宁远文庙历经了多次整修，留下的记载仅四篇，明代和清代各两篇，都收录于《宁远县志》的《艺文志》中。

《迁复儒学记》

明代嘉靖二十七年（1548年），由状元罗洪先撰文。罗洪先是江西吉水人，明代学者，他在明世宗嘉靖八年（1529年）中状元，授翰林院修撰，后被罢归故里，终日著书讲学。嘉靖二十六年（1547年）秋八月，江西永新刘孔愚来宁远为知县，闻前任知县迁徙文庙后，县文事依然不振，遂捐出若干俸禄号召复建宁远文庙于城内旧址。为了颂扬知县刘孔愚的功劳，文庙教谕张竹、训导赵豪遂派遣学生姚世南奔走千里请记于罗洪先。罗洪先与刘孔愚皆江西吉安人，记中罗洪先说"刘君又余乡人之有志者"也可知。行文中记述了文庙复建的始末，并阐述了何以为学以及学校培养人才的重要地位，并追溯了宁远的历史，是一篇文字优美的记文，对于充分认识宁远文庙的历史具有较大的史料价值。

《儒学复初记》（补遗）

明嘉靖二十六年（1547年），由宁远知县刘孔愚撰文。这篇记文较短，简单阐述了文庙复迁于城内旧址的始末。文庙经过短时间的复建，就"门庭改观"，以致"士类欢庆"，所以大家恳请知县刘孔愚为之记，以告来者。行文第一句则描述了宁远所在的重要位置，"在全楚东南，踞春陵，带潇水，面九疑，控百粤，形胜地也"。第二句介绍了历史上宁远之地人才辈出的盛况，"名公钜卿，代有闻人，彬彬焉盛"，而与现在"科甲渐稀"形成鲜明的对比，构成了文庙迁徙的一个重要背景。可见，当时宁远县对于文庙建设以及培养人才的重视，这也构成了宁远文庙能够长存至今的一个重要外部因素。

《重修儒学记》

清朝乾隆七年（1742年），由宁远知县蒋德重撰文。蒋德重认为宁远虽为"穷乡僻壤"，但自汉、唐、宋、明诸代，"代有闻人""今幸沐浴皇风，自宜文运日盛"，但是却"反逊于前"，这是为什么呢？舆论说是"文庙因城高逼近，正殿不扬，不能挹九嶷潇水之秀"的原因。蒋德重认为有一定道理，又"修废举坠乃守土之职"，于是倡导重修文庙，获得大家一致同意和支持。经过重修后的文庙"美奂美轮"，可以与始建时的文庙媲美。重修文庙后，大家对以后能够出更多的人才寄予了很大的希望。

《重修学宫碑记》

清乾隆三十四年（1769年），由宁远知县詹而廉撰文。此次文庙重修经始于1768年戊子仲春，落成于1769年己丑季秋。耗资白银两千两，皆由本县的绅士承担。詹而廉是四川人，为举人，于乾隆三十一年丙戌（1766年）担任宁远知县，他在宁远县四年任期内，"勤政爱民，兴利除弊，尤嘉惠士林，先是学宫卑陋，倡士改建，仍旧学宫，地拓上数十丈，规模宏敞""增学田为诸生膏火，肄业者众，宁邑之文风由此丕振"。[①]他认为学校质量是培育人才的关键，但见宁远文庙当时的情况是"简陋，且木植浇薄，墙壁漶漫，浸就倾圮"，经过庙前，连宫墙都辨认不出了，不经感慨万千。于是将重修文庙提上了日程，很快便"相地脉，观流泉，厥土就燥，厥水就渟，移基略近乎东，立向稍改于前，为殿，为阶，为门，为庑，规制井然""峙于后者为崇圣祠，其旁为尊经阁，戟门外附之以名宦、乡贤，而棂星门、泮池以及文星楼灿列于前焉，至若明伦堂，若东西学廨，若忠义节孝祠，又其次第及之者也"。我们可见，重修后文庙的规制与现在差别不大。

① 嘉庆《宁远县志》卷之六《名宦志》。

文庙匾额

宁远文庙大成殿内皇帝题额

清朝从康熙皇帝以后，皇帝登基后给孔庙题额便成为惯例：康熙二十五年，御书"万世师表"额；雍正元年，御书"生民未有"额；乾隆元年，御书"与天地参"额；后又御书"时中立极""化成悠久"额；嘉庆元年，御书"圣集大成"额；道光皇帝题"圣协时中"额；咸丰皇帝题"德齐帱载"；同治皇帝题"圣神天纵"额；光绪皇帝题"斯文在兹"额。一共十块。并且题额颁行全国各地文庙，悬挂于大成殿内，以示对孔子及其思想的尊崇。

宁远文庙大成殿内仅存两块，一块是嘉庆皇帝所题"圣集大成"，悬挂于北面居中的梁枋上，另一块是光绪皇帝所题"斯文在兹"，悬挂于南面居中的梁枋上。

文庙楹联

宁远文庙中的楹联，主要集中于大成殿。

大成殿内柱子上悬挂乾隆皇帝御书联，"气备四时，与天地鬼神日月合其德；教垂万世，继尧舜禹汤文武之师"，"觉世牖民，诗书易象春秋永垂道法；出类拔萃，河海泰山麟凤莫喻圣人"。

宁远文庙大成殿内主要楹联位置图

宁远文庙大成殿内乾隆皇帝御书联

大成殿外悬挂着雍正御书联"德冠生民溯地辟天开咸尊首出；道隆群圣统金声玉振共仰大成"，以及"天下为公圣道孔彰人共奋；有教无类良师明伦士同尊"。

宁远文庙大成殿最外侧楹联一
宁远文庙大成殿最外侧楹联二

大成门两旁则悬有对联："半池风荷一院丹桂；千年文庙万代德名"。

宁远文庙大成门楹联

宁远文庙的相关人物

状元

教谕、训导

倡修人

据各时期的《宁远县志》载，宁远地区文庙始建于唐代，可谓历史悠久。在宁远文庙一千多年的历史长河中，出现了很多与文庙相关联的历史人物。他们有的学在文庙，有的教在文庙，有的记在文庙，有的为文庙的修建付出了极大的心力，有的为兴文庙来重振地方人文而极力奔走，有的为恢复文庙的规制而慷慨捐资……他们有的被后人立传而流传下来，有的则湮没于茫茫的历史大海之中，但他们都值得被后人所铭记，正是因为有他们的努力和贡献，宁远文庙才得以完好地存在至今，宁远人文精神才得以流传至今。

状
元

李郃——唐朝状元

李郃（808—873年），字子玄，号西贞，汉族，延唐县（今宁远县湾井镇下灌村）人，是科举制施行后湖广第一个状元。

唐大和二年（828年），举贤良方正，李郃被推荐至长安赴考。廷试中，作《观民风赋》和《求友诗》，条对鲜明，词旨温雅，能寓褒贬于清和之中，阐忠义于词气之表。考官交相荐进，文宗面试，擢进士第一。后因上疏让第，得罪宦官，被排挤出京，初授河南参军，大和四年（830年），升贺州刺史，举贤荐能，励精图治，敦促各地注重礼教，劝导农民发展生产。经过七年治理，贺州地方政治清明，人民安居乐业，李郃因此深得同僚敬重和百姓爱戴，被尊称为"李贺州"，官至吏部侍郎。大和七年（833年），因在镇压少数民族起义中立功，赐绯鱼袋，加龙虎将军衔。开成二年（837年），他以政绩突出升通政司佐司政，后升吏部侍郎，授正议大夫。晚年，退职回乡，退隐九嶷，寄情山水，写了许多描绘九嶷秀丽景色的诗编。李郃多才多艺，发明了叶子戏。生平著作均散佚，主要著作有《骰子彩选格》和《李贺州集》。

李郃是科举时代湖广五省的第一个状元，也是唐代湖南唯一的状元——开湘状元。他不为功名利禄所困，心系国祚，忧国忧民的秉性，是舜帝"勤民事""苦忧人""只为苍生不为身"的"仁爱""尚德"精神的体现。他"让第上疏"行为，是舜帝"禅让"行为的完美展示。他的精、气、神，昭示湖湘学子，一定要张扬报效国家和父老的正气。

乐雷发——宋朝状元

乐雷发（1210—1271年），字声远，号雪矶，汉族，湖南宁远下灌乐家山（今明月山）人。南宋政治家、军事家、文学家、诗人。

理宗宝祐元年（1253年），门人姚勉登科，上疏让第。理宗召见亲试。金銮殿上，理宗问以"学、术；才、智；选、举；教、养"八事，乐雷发"条对切直"，留下了著名的"廷对八策"。"文章天子"宋理宗大悦，当即赐以"特科状元"，并赐田八百亩，敕建状元楼一座，授翰林馆职。时值元兵大举进攻西北，乐雷发作《乌乌歌》《车攻赋》等，抒发抗元的壮志，指斥权臣昏庸，因而不得重用。乐雷发对腐朽的南宋政权十分绝望，于宝祐四年（1256年）愤然称病回乡，隐居九嶷，寄情山水，用诗词抒发自己的爱国热情。他在读书岩著书，在象岩讲学，遗址至今犹在。

乐雷发毕生最大的建树在于诗歌创作，其作品入选《宋百家诗存》《南宋群贤小集》。留存于世的诗有140余首，其体裁包括七古、五古、七律、五律、七绝、五绝。很多诗都表现出了强烈的民本意识，彰显浓厚的屈原《离骚》遗风，也与周敦颐首创的理学颇有渊源。他的民本思想，是舜帝精神的延续与传承。代表作有《雪矶丛稿》《状元策》《乌乌歌》《春陵道中望九疑》《九疑紫霞洞歌》《象岩铭》等。《四库全书总目提要》评价乐雷发："人品颇高"，说其诗"风骨颇遒，调亦浏亮，实无猥杂粗俚之弊，视江湖一派迥殊……尚有杜牧、许浑遗意"。钱锺书对乐诗评价说："所读晚宋小家中，《雪矶丛稿》才力最大，足以自立。"岳麓书社1986年出版了钱锺书先生编的《宋诗选注》，选入了《乌乌歌》等诗。

李郃与乐雷发生前皆是出自宁远县学的进士，其他生员皆以他们为学习的榜样，之后皆供奉于宁远文庙的乡贤祠，受后生的奉祀与景仰。

　　教谕、训导是学官名，宁远县学皆有设置。宁远"县学之有教谕、训导盖自元始，明、清因之"[1]。

　　教谕是县学的教授，掌管文庙的祭祀，教育所属生员。训导则是辅助教谕负责教育方面的事务。据各时期的《宁远县志》记载，未见有关于元朝教谕、训导的记录，而明清时期，宁远文庙有如下教谕与训导：

明清时期任职于宁远文庙的教谕、训导一览表[2]

	教谕		训导	
	姓名	概况	姓名	概况
明朝				
洪武	田子仁	本县北乡人，举人	郑立本	本县西乡马头上人，贡生
			李彦祥	本县太平乡人，贡生
永乐	何庸		远志高	
			袁太和	
			钟相	

---

[1] 民国《宁远县志》卷第十六《教育》。

[2] 依据嘉庆、光绪、民国三个时期的《宁远县志》绘制。

续表

	教谕		训导	
	姓名	概况	姓名	概况
洪熙	朱子名	绍兴人	刘鲤	泰和人
宣德	梅友实	南昌人		
正统	李福寿		刘俊	
			程庠	
景泰	汪宗则		王守约	四川内江人
			王济时	四川内江人
成化	高安		刘览	江西人，举人
	李孜	保昌人，举人	郭义	
	杨洪	富顺人	熊敬	
			吴钦	南昌人
弘治	萧肃		李常	
	张澄		尹旻	叙南人
	张钦		胡骥	新宁人
	陈宗器	潮阳人，举人	陈经济	德庆州人
正德	刘杰	临桂人，举人	黄文琇	祁门人
	黄临	临桂人	戴经	宜山人，岁贡
	刘勋	巴县人，举人	万善	邵武人，岁贡
	陈邵	福建惠安人，岁贡	柯琏	揭阳人，岁贡
			王文鼎	揭阳人，岁贡
			杜蕙	普定人，岁贡
嘉靖	林绍宗	番禺人，岁贡	吴淮	石屏人，岁贡
	胡侨	临桂人，举人	董侃	乐安人

	教谕		训导	
	姓名	概况	姓名	概况
嘉靖	张竹	宿迁人，选贡	唐炜	临桂人
	敖毓良	新会人，选贡	王世让	万州人
	蔡常毓	东莞人，举人，升知县	林廷显	上杭人
	余襄善	威远人，岁贡	杨廷献	宜宾人
			赵豪	全州人，岁贡
			张桂伯	程番人，岁贡
			朱瓒	新会人，岁贡
			陈九章	南溪人，岁贡
			刘之一	大邑人，岁贡
			梁廷玉	合浦人，岁贡
			陈文政	成都人，岁贡
			王滔	南阳人，岁贡
隆庆	李中直	杞县人，岁贡	李素侃	德安人，岁贡
	花必芳	德化人，举人，升桃源知县		
万历	李侨	江夏人，岁贡	刘魁	桂阳州人，岁贡
	唐之儒	宜山人，举人，升惠州府推官	朱世唐	郴州人，岁贡
	孙孚行	龙溪人	蒲时芳	贵阳人
	黄应兆	南海人，举人，升汉中府推官	梁士	成都人
	温时旸	洪县人，岁贡	蔡尧卿	衡阳人

续表

	教谕		训导	
	姓名	概况	姓名	概况
万历	舒应凤	全州人	蒋迁	昆明人
	满庭谟	麻阳人	余大炜	咸宁人
	莊作孚	福清人	陈芹	铜仁人
	舒葵	彝陵人	卢恕	左州人
	徐嘉宾	楚雄人	陈谦豫	毕节人
	韩养量	夏县人	周一举	荆州人
	卢谧	左州人		
	邓承聘	宜章人		
	王天发	宁川人，举人		
天启	黄廷龙	河南人	刘凤梧	新化人
	李时翠	四川人		
崇祯	于胤陈	岳州人	越其录	贵州人，二年来任
	王命新	衡州人	彭道衢	嘉禾人
	曹一骏	衡州人	徐必登	贵州人
清朝				
顺治十三年	梁受益	兴国人，举人		
十五年			易体震	宜都人，甲午副榜，升茶陵州学正
康熙三年	教谕奉裁			
四年			谢预培	汉阳人，岁贡
十年			丁震吉	襄阳人，岁贡

	教谕		训导	
	姓名	概况	姓名	概况
十八年			李明显	耒阳人，廪生，奉蔡将军委署
十九年		复设教谕		
	吴大本	黄冈人，贡生，后升江西吉水县知县	陈铎	大冶人，岁贡
二十九年	周维械	归州籍，黄冈人，岁贡		
三十三年			车鸣鸾	房县人，岁贡
三十九年			傅岩星	天柱县人，岁贡，后升益阳县教谕
四十一年	夏尚志	本姓杨，江夏人，咸宁籍，后升宝坻县知县		
四十九年	刘咸陶	衡州常宁人，拔贡		
五十八年	王世臣	岳州慈利人，恩贡	周邠	衡州酃县人，岁贡
六十一年	钟兴诰	岳州平江人，例贡		
雍正三年			马宏瑞	岳州府澧州人，岁贡
四年	刘之珩	岳州安乡人，选贡		
六年			龙大湘	辰州府沅陵人，岁贡
七年	丁之望	靖州人，恩贡		
十年			萧何如	衡阳人，岁贡
十三年	曹耀珩	长沙府益阳人，拔贡		

续表

	教谕		训导	
	姓名	概况	姓名	概况
乾隆二年			李永枚	岳州平江人，岁贡
四年			唐德运	靖州会同人，岁贡
五年	彭仕周	衡州衡山县人，举人		
十年			黎光熹	岳州华容人，岁贡
十三年			陈登庸	常德府武陵人，岁贡
十八年	谭之纲	长沙府茶陵州人，选贡，在任中癸酉举人		
十九年			彭舜年	常德府武陵人，岁贡
二十一年			张宗官	岳州府华容县人，岁贡
二十五年	蒋邦伯	长沙府宁乡人，举人	李涛	长沙府浏阳县人，岁贡
二十六年	周邬生		陈彦	郴州桂东县人，岁贡
三十年			张九思	长沙府善化县人，优贡
三十二年	孙惟琰	岳州府华容县人，副贡		
四十一年			印绶	辰州府乾州厅人，岁贡
四十二年			张世铨	长沙府善化县人，举人

	教谕		训导	
	姓名	概况	姓名	概况
四十四年	萧智瑚	长沙府湘乡县人，副贡		
四十五年	谢庭玳	辰州府沅陵县人，拔贡		
五十八年	萧绳武	衡州府耒阳县人，岁贡		
五十九年	傅先正	长沙府湘阴县人，拔贡		
六十年	黄朝鼎	长沙府湘阴县人，举人		
嘉庆元年	于公衮	常德府桃源县人，举人		
三年			周采洛	长沙府宁乡县人，举人
			覃德伟	澧州石门县人，岁贡
七年			范仲昇	郴州桂阳县人，廪生
八年			杨绣	澧州安福县人，举人
九年	张曦	澧州石门县人，岁贡		
十年	刘清	岳州府临湘县人，副贡		
十七年			黄思洋	溆浦人，廪贡
十九年			孙祚泰	澧州人，举人
二十一年	石名文	沅陵人，拔贡		

续表

	教谕		训导	
	姓名	概况	姓名	概况
二十二年			尤继声	
二十五年			阮芝	益阳人，举人
道光十年			游裔恪	
十一年			李隆蕚	
十三年			罗绂	
十四年	欧阳金璁			
十六年	冯升汲			
二十年	徐锦标			
二十一年	胡光晙			
二十四年			朱涛	
二十五年			李宅钦	
二十八年	舒永猷	溆浦人，举人		
咸丰元年			廖章达	
八年	梁檽年			
九年	戴良球	郴州人，举人		
十年			萧毅	长沙人，举人
同治四年	段金玲		刘振芳	
五年	舒永猷		钟德烈	邵阳人，举人
十一年	施国煊			
十二年	李鼎春	桃源人，举人	戴步衢	
十三年			李洵	新化人，岁贡

	教谕		训导	
	姓名	概况	姓名	概况
以下不知其到官年	张鹏翎		陈铭鼎	
	罗升藻		潘学海	
	汪济川		熊家锷	
	钟蔚华		周雨农	

明代洪武二年（1369年），宁远"知县朱公庆始筑土城重建孔子庙"[1]。随着宁远县城的建造，宁远文庙得以重建。时设学官"教谕一人，训导二人"，清代亦是如此。入中华民国，废学官。[2]

---

[1] 民国《宁远县志》卷第四《事纪》。

[2] 民国《宁远县志》卷第八《官师传》。

倡修人

在宁远文庙的千年变迁中，历经多次修建。每个时期都有热心宁远地区文教的地方官和当地士绅，倡导并主持文庙的修建。他们在宁远文庙的发展历程中作出了值得后人铭记的贡献。如，知县朱公庆、刘童、唐惟善、梁元振、周谅、刘孔愚、徐经、沈仁敷、徐旭旦、蒋德重、詹尔廉等，教谕吴大本、于公衮，训导陈登庸等等。这些主持修建文庙者，因为史料的原因，多集中在明清时期，而较早的唐宋元时期未能知道文庙的主持修建者。

朱公庆

明洪武初宁远知县，洪武二年（1369年）复建文庙于旧址。并赐学田，以及粮食六百石予文庙。祀于宁远文庙名宦祠。民国《宁远县志》卷第八《官师传》有其传记。

刘　童

建阳县人，进士。宁远文庙在永乐戊戌年毁于火，洪熙初年，知县刘童重建文庙。

唐惟善

四川人。明代成化十一年（1475年），知县唐惟善撤旧文庙，重建之。

梁元振

番禺人，举人。弘治六年（1493年），知县梁元振重建文庙棂星门。

周　谅

永丰人，举人。明嘉靖十五年（1536年），知县周谅"见郭之东，势位崇隆，清流环合，如泮宫形，与邑士合谋迁学，殿堂斋庑戟门厨库衙号皆合其制度，郡守赵儒作记。"祀宁远文庙名宦祠。民国《宁远县志》卷第八《官师传》有其传记。

刘孔愚

江西永新人，举人。明嘉靖二十六年（1547年）知县刘孔愚因为士类子弟不满文庙的位置，主持将文庙迁建于城内旧址。《宁远县志·艺文志》有罗洪先作《复学记》。

徐　经

常州人，进士。康熙十八年（1679年），宁远知县。任内曾主持修建文庙，但未完工就卸任了。

沈仁敷

绍兴人，举人。康熙十九年（1680年），任宁远知县。二十年（1681年），协同教谕、训导修建文庙。

徐旭旦

钱塘人，拔贡。康熙四十五年（1706年），知宁远县事。四十八年（1709年），重修文庙。

蒋德重

贵筑人，举人。雍正六年（1728年），宁远知县。乾隆七年（1742年），知县蒋德重重修文庙。

詹尔廉

四川人，举人。乾隆间宁远知县。在宁远县为官四年，为民兴利除弊。乾隆三十三年（1768年），倡士鼎建文庙，尽易其旧。见文庙卑陋，主持修建之，并在旧的基础上拓土数十丈。增学田为诸生膏火。促进了宁远文风的勃兴。民国《宁远县志》卷第八《官师传》有其传记，并作《重修学宫碑记》，存于《宁远县志·艺文志》中。

吴大本

黄冈人，贡生。康熙十九年（1680年），任宁远文庙教谕。二十年（1681年），同知县沈仁敷，重修文庙。

陈　铎

大冶人，岁贡。康熙十九年（1680年），任宁远文庙训导。二十年（1681年），协同知县修建文庙。

陈登庸

武陵人，岁贡。乾隆十三年（1748年），任宁远文庙训导。十四年（1749年），倡建宁远文庙腾蛟、起凤二门。

于公袞

桃源人，举人。嘉庆元年（1796年），任宁远文庙教谕。同年，修文庙周垣照壁，尽易新砖，使其更为崇峻，并将文庙牌位匾额楹桷户牖，加以丹艧，使文庙焕然一新。

石焕章

石焕章（1815—1879），字麟祥，号玉成，宁远县石家洞乡人（今鲤溪镇人）。清湘军将领。

清同治十二年（1873年），宁远县乡绅以旧文庙靠近商业街市地带为由，建议迁址改建，禀请石焕章主持重建宁远文庙工作，由石焕章选址，县人黄习溶等邑绅捐银重建文庙，共筹集白银六万余两，历十个冬春，于光绪八年（1882年）竣工，成为当时"湖湘之最大"文庙。期间，石焕章主持宁远文庙重建的全盘工作，并亲自为宁远文庙选址城西。由此可见石焕章是宁远文庙重建选址人、倡建主持人和工程主要负责人。

黄习溶

黄习溶，宁远邑绅。据民国《宁远县志》载，他是宁远县学光绪五年（1879年）己卯的副贡。他因军功被朝廷授四品顶戴，为振兴人文，捐银倡修文庙。

宁远文庙的价值与利用

文庙的价值

文庙的利用

2016年7月26日，国家文物局下发《关于开展文庙、书院等儒家文化遗产基本情况调查的通知》（文物保函〔2016〕1333号），明确指出："以文庙、书院等文物为代表的儒家文化遗产，是中华优秀传统文化的珍贵物质载体，也是我国独具特色的文物类型。'十三五'期间，我局拟组织实施儒家文化遗产保护利用工程，切实加强儒家文化遗产保护利用工作，充分发挥文物的公众文化服务和教育功能，让优秀传统文化融入当代社会、厚植道德沃土。"可见，以文庙为代表的儒家文化遗产，其珍贵价值受到国家高度重视，对其进行合理利用已被纳入到国家规划中。

文庙是我国珍贵的文化遗产，是儒家文化的载体，加强文庙保护和利用工作，充分挖掘与活化这份重要的文化遗产资源，将其建成展示、宣传、教学、研究和传播中华传统文化的新型教育场所，拓展优秀传统文化教育的渠道和形式，让更多的人享受到文化惠民政策的成果，这对于积极培育和践行社会主义核心价值观，对于集聚实现中华民族伟大复兴中国梦的强大正能量，具有重要的现实意义和深远的历史意义。

文
庙
的
价
值

宁远文庙历史悠久，建筑美轮美奂，是中国南方现存规模较大的文庙建筑群之一。自唐宋创建以来，实行"庙学合一"制，是地方推行儒家教化的中心，也是一座城市的文脉象征和民众信仰中心。其历经千年变迁，见证了以儒家文化为代表的中华优秀传统文化的发展过程，极具历史文化、艺术欣赏、教育等价值。

历史文化价值

"文物承载灿烂文明，传承历史文化，维系民族精神，是老祖宗留给我们的宝贵遗产。"文庙是历史发展的产物，自汉代以后，儒家思想备受历代统治者推崇，文庙作为国家推行尊孔崇儒政策的重要场所，发展至明清时，已遍布全国各府、州、县。其数量之多、规制之高、历史之久、影响之大，建筑技术与艺术之精美，在我国古代建筑类型中，可谓无出其右。文庙既凝聚了物质文化，亦承载着精神文化，反映着当地的人文历史传统。至今，文庙的祭祀和教育两大传统功能在民众心中仍然存在不容忽视的影响，其保存的祭祀文化、礼仪文化是中国传统文化的重要组成部分，在民众中仍有着深厚的历史基础。

宁远文庙创建于唐宋时期，从其存在开始便经受着天灾与人祸的摧残，在毁坏与重建中不断反复，却总能以物化的形式重回历史，唤醒人们的记忆。遗留至今的宁远文庙建筑群中的碑刻、雕塑、额匾、楹联等历史遗存包含大量历史信息，历经岁月的变迁，刻下历史难以磨灭的印记，更是弥补了文字史料的不足。

宁远文庙顽强的生命力，得益于其强大的精神内核。作为传播儒家文化、实施礼乐教化的重要场所，宁远文庙是宁远地区的文教圣地和精神家园，见证了儒家文化在宁远地区的发展，反映了儒家文化在五岭地区的扩散，以及其在该地区的影响，具有重要的历史文化价值。

艺术欣赏价值

文庙作为古代遗留下来的客观存在的建筑实体，是古代劳动人民集体智慧的结晶，极具艺术美感。

宁远文庙建筑群从庙址选择、整体布局、雕刻装饰等方面都体现了古代建筑者的匠心独运，既符合国家统一的礼制要求，又体现了宁远的地区特色，二者的完美结合，给欣赏者带来了丰富的艺术情感体验。

首先是文庙的择址"藏风得水"，体现古人"天人合一"的环境观，讲究人与环境的和谐统一。修建者充分利用宁远地区的自然地理环境特点，使文庙依山傍水，犹如坐落于世外桃源。其次，在整体布局方面，文庙采用传统建筑的中轴对称、院落迭次，而在门、坊、殿、台、亭、柱等建筑元素上又体现着地区特色。其中最具特色的要数雕刻装饰，宁远文庙的雕刻艺术堪称精品，引来无数游人驻足欣赏观看。其中最有吸引力的属云龙石柱群，采用高浮雕镂空雕刻，柱上的盘龙、飞凤，可谓栩栩如生，让人惊叹古代匠人精湛的艺术手法。文庙中还有富含寓意的梅兰竹菊等植物，与建筑交相辉映，体现了园林艺术的文化内涵。所有这些与文庙融合成一个丰富多彩的艺术世界。

教育价值

文庙与教育的缘分非常深厚，文庙发展的历史也可以说是中国学校教育发展的历史。宁远文庙自创建之始，就实行"庙学合一"的制度，将祭祀孔子与教化儒经集于一身，成为统治者推行尊孔崇儒政策的产物和媒介。

宁远文庙作为地方官办教育的一部分，是进行劝学、实施礼乐教化、传播统治思想、培养治国人才的重要场所，教育功能非常突出。随着清末教育改革和新式学堂的出现，宁远文庙的学校教育功能被不断弱化，其教育价值淡出人们的视线。新时期，在倡导传统文化、弘扬儒学的背景下，文庙作为儒学的重要载体，又具有了新的教育价值。

宁远文庙的建筑、圣人像、名人展馆、文物展馆、国学馆等静态的文物景观，给参观者以潜移默化的影响。其建筑规格、式样都是以儒家精神和教育意图来构建，圣贤的塑像、历代名人展，以及器皿、碑刻、书籍课本、楹联匾额等实物，其背后都有着丰富的文化故事和深厚的历史内涵，置

宁远文庙开笔礼一（文庙工作人员拍摄）

宁远文庙开笔礼二（文庙工作人员拍摄）

宁远文庙研究

宁远文庙开笔礼三（文庙工作人员拍摄）

身于其中，便能感受到这些无声的历史文化氛围，从而受到感悟和启发。

除此之外，文庙还成为进行爱国主义教育、尊师重教教育、乡土文化教育、积极向上的时代精神教育等基地，呈现出多样化的教育价值。

在新时代开发利用文庙的价值，有助于引起公众对优秀传统文化的重视，提高公众的人文素养，增强民族自豪感和自信心，进一步提升国家文化软实力，因而得到了各方的积极响应和落实。

宁远文庙作为具有代表性的儒家文化遗产，其价值与作用很早便受到国家和地方的重视，1996年即被确定为全国重点文物保护单位，进而获得很好的保护和修缮。之后，在大力的政策支持和稳定的经费保障下，宁远文庙走出了一条有特色的合理的开发、利用之路。

开放成文化旅游基地

旅游是现代人的生活方式之一，是一种社会文化现象，包含了很多文化因素。文化旅游的提出，迎合了当代人追寻自身文化根源的精神需要，注重旅游者在旅游过程中的文化体验，成为重要的旅游产品。文化旅游立足于文化，借助市场运营手段和方式，把历史文化作为吸引物纳入旅游业，是展现、传播历史文化的另一种方式。文庙也成为文化旅游的重要场所之一。

宁远文庙最早于1982年以售票的方式对外开放参观，但那时还只是在小范围有影响，知名度也不高。之后便是作为九嶷山风景名胜区的旅游景点对外开放和宣传。而如今，宁远文庙已成为全国重点文物保护单位，由国家主管部门和出版机构推向世界，接待游客逐年递增，陆续有英国、加拿大、日本等国的一些学者访问宁远文庙，其知名度正慢慢向外扩散。因而，宁远文庙的历史文化价值、艺术欣赏价值、教育价值等，也越来越受到外界的关注。这便是文庙与旅游业结合开发所带来的积极影响。

开展国学相关的教育和普及活动

宁远文庙自古就作为官办学校，推行儒学教育，也是进

宁远文庙明伦堂开设的国学讲堂（文庙工作人员拍摄）

行社会教化的中心。而如今，宁远文庙在此基础上，结合现代生活进行再开发。如，将文庙明伦堂辟为国学馆，并将此作为第二课堂和现场教学基地。作为国学课堂，每周定期有中小学的老师、学生以此为场所，进行国学经典以及国学主题的学习。

如今，文庙还被用作举办祭孔活动，如2002年9月28日在此举行了湖南省首届公祭孔子大典，由湖南省人民政府副省长唐之享主祭，参加活动的社会各界代表达6000余人。

辟为具有地方特色的博物馆

地方乡土文化是一地民众在上千年来积淀下来的智慧结晶，反映了一地文化的优势和特色。宁远文庙即是宁远地区文化的代表。

宁远文庙成为古代先贤先儒、地方名宦、乡贤的纪念馆，东庑被辟为"宁远名人展馆"，西庑被辟为"文物展馆"，尊经阁则被辟为"建文帝隐踪九嶷展馆"，崇圣祠被辟为宁远教育"三名馆"，即名校、名师、名生展馆。

德育以及爱国主义教育基地

文庙是传统的教育场所，随着社会环境的改变，其传统的学校教育功能已经失去，但因其具有浓厚的历史底蕴，所以仍被认为是教化的象征。宁远文庙单位与当地部分学校合作，把每年学校的开学典礼、表彰大会等具有劝学、育德以及帮助青少年明确方向、树立目标，增强社会责任感和进取心的活动，有意识地在文庙这一场所进行，并且注意借此培养青少年传统文化素养，认识到传统与时代精神的一致性，而使文庙的价值以贴近青少年生活的方式，被其理解、接受，并使其从中受益。

拓展为其他活动空间

宁远文庙的格局基本保持原貌，没有刻意改变。对于文庙的祭祀、纪念和文化传播的功能，也没有刻意去弱化。孔子的享殿——大成殿则是元神归位，恢复了孔子、颜子、曾子、子思子、孟子等塑像和清代帝王御题楹联、匾额，注意依据历史基本原貌，营造儒家文化的氛围。而其他场馆，如两庑、偏殿、后殿则根据需要作为重要的展馆，作为地方文化的补充介绍、展览。

宁远文庙还进一步拓展了文庙空间。如，在文庙西侧开辟了文庙广场，广场的布置、装饰则注重儒家文化的宣扬，从而有效地拓展了文庙的外部空间，营造了传播传统儒家思想文化的氛围。宁远文庙位于宁远县最繁荣商业区的中心地带，是县城的经济活动中心，文庙前的文庙街，热闹、繁荣。长约五六十米的文庙南墙，则被辟为十几家出租店铺，促成当地经济发展。此举不仅为文庙创造了一笔不小的经济收入，还将文庙文化中心与经济中心相结合，更好地促进了文庙的利用和发展。别具特色的文庙广场、文庙街，成为游客及广大市民的健身休闲、旅游观光的重要场所，形成了以文庙为核心的经济文化中心，成为宁远地区彰显文化特色的重要场域之一。

宁远文庙及当地政府顺应时代要求和发展形势，利用现代化的保护方法和技术手段，科学保护、展示文庙价值，深入挖掘其内涵，并对其加以补充、拓展、完善，增强其影响力和感召力，把文庙的发展与现代社会的需求相结合，充分利用文庙场所，发挥其教育、展示功能，以开放、多样的方式分享传统文化的精粹，将以文庙为代表的儒家文化遗产融入了现代生活。

迁复儒学记

　　宁远学，旧在县治前稍西，自国初至嘉靖，未之有徙。徙郭之东，自前令周谅始。周用术者言，文事不振，气有隆替，徙之。十年卒不验。佥以为过，计愿复其旧，请之兵宪陈君仕贤暨判府周君子恭、王君宗尹，力赞其决，而令未有任之者。丁未秋八月，永新刘孔愚来为令，闻而叹曰："政有大于是者乎"？遂捐俸若干倡之，而富民与诸生有力者，相率助役。凡四阅月，功告成。自礼殿、讲堂、斋庐、庖寝、绰楔之制，位序书器，奠献之具，莫不完好，岁时祭飨，法饮聚诵，视旧有加，而公帑不病。于是教谕张竹、训导赵豪等颂令之功，以为能厚望于诸生也。则遣学生姚世南，走千里请记于余，并问其所以为学者。

　　余惟自古建国，辨方正位，测景验时，而后即事，盖慎之也。矧学校出贤才，司政教，以布泽于天下，而可忽哉？虽其说或近于形家，而所谓趋吉避凶者，稍有可信，固古之所不废矣。虽然学复其旧，诸君子之用心得矣。诸生处于是学也，其惟记诵词章，资进取，以振文事乎？抑进于是而亦有所当复者乎？姑以学舍譬。当其东徙，至劳且费矣，其屡谋而不决者，盖亦有所惜而不忍弃也。幸而复于今矣。其始也，亦必博咨询，审废举，较利害，辨从违，而后决乎？其继也，亦必崇之以垣墉，大之以基本，通之以户牖，深之以堂奥，华之以丹臒，而后足乎？其后也，亦必程其课业，行其礼度，厚其廪饩，纵其游息，而后安乎？若是者，岂不惜其劳与费哉？真知旧之不可不复，则亦为之而已矣？

由是观之，不有所弃者，必不能有所为；不有所入者，必不能有所乐。此一事为然也，而况吾之一心备万物而通四海？孟子所谓广居、正位、大道是也，独不思其旧而复之乎？

今之居学校者，可知矣。问其记诵，则曰："此古弦诵之旧，而书则三代之遗训也。"问其辞章，亦曰："此古敷奏之旧，而言则群圣之折衷也。"问其进取，亦曰："此古登庸之旧，而位则九德之咸事也。"问其心之所惜，则近世之所歆美而驰逐者。

呜呼！天之所以与我、与国家，所以养士者，果何谓而止于是乎？惟其所惜者，止于近世之所歆美而驰逐也。故其夙夜矻矻苦其思而疾其力者，只不过计佣直耳。持佣直以仰于人，其尚有广居正位大道之可乐乎？此不有翻然舍置，而决裂于从违之间，必欲与圣贤同归，而不忍戕伐其身者，则亦莫能自拔，而复之旧也已。吾心之广居、正位、大道者何也？以太极为垣墉，以立诚为基本，以知几为户牖，以神应为堂奥，以笃实光辉为丹臒。患不得其门而入耳，诚得之矣，发而为视、听、言、动之则；感而为君臣、父子、夫妇、长幼、朋友之伦，遇而为富贵、贫贱、夷狄、患难之节；推而为天地、日月、四时、鬼神之变。著而为《易》《诗》《书》《春秋》《礼乐》之教。是吾与圣贤之所同也，人道毕矣！故不必黜记诵也，而凡书之所载，皆可闻吾之所未闻。不必削辞章也，而凡言之所及，皆可发吾之所未发；不必绝进取也，而凡位之所在，皆可行吾之所欲行。穷而在下，学即其政也；达而在上，政即其学也。是岂特弃东徙，而复旧学之安也乎？是学也，不假人力而自足，不待岁月而有成，不离常行而即在，亦曰"为之而已"矣。此非余之狂言也，濂溪之常言也。其言曰："圣可学乎？"曰："无欲，此求复之门也。"其始入也，必于世之歆美而驰逐者，大有所弃而后能乎！不弃于彼，必不能入于此，此一所以为要也。得其门，无不至矣。

濂溪固春陵之产，而宁远之故国也。文献足矣，足则征，征则信，诸生尚何让乎？安知今之复旧学者，非其兆也？余取益于周、王两君，方以无欲自励，而刘君又余乡人之有志者，故因诸生请记而附以是论。他日有言春陵之士以濂溪之学鸣者，则诸君子用心其效矣乎！嘉靖戊申腊月甲子记。（《宁远县志·艺文志》，嘉庆十七年刊本）

儒学复初记（补遗）

嘉靖二十六年丁未知县刘孔愚复迁于城内旧址记曰

宁远，在全楚东南，踞春陵，带潇水，面九疑，控百粤，形胜地也。其学宫在城南门内，国初，递及化治间，名公钜卿，代有闻人，彬彬焉盛矣。嗣后，科甲渐稀，说者谓其学宫之弗利也。梧峰周子谅，爱郭东山水萦环，主迁于是，今越年仅十余耳。复谓其迁之弗吉也。欲复其初，会兵宪陈希斋，按部至深，题其议，遂以赎金若干，佐其费，劈泉，王公适有事于兹，力赞之，与诸生定议，而愚亦承之至矣。谒庙之初，学谕张君，司训赵君，及诸生具以告愚曰：是固不得诿之人者，吾涓辰从事，凡几阅月而粗完，门庭改观，士类欢庆，谓愚当有以告来者，愚何言哉，顾闻之昔者先王盛时，道德一而风俗同，士尚实学，以圣贤为必可企，其初莫不善也。世降俗移，鲜克务本，训诂词章，沦胥以惑，孰知初之当复乎。夫学也，始之以定志，终之以定力。不为知诱，不为势回，不为利疚。达而与民由之，穷则独行其道。斯希圣希贤之事也。颜氏之博约，曾氏之宏毅，中庸之明善，诚身其与尧舜之精一，同一道也。夫今之人，犹古之人也，安能恝然而遂，无志于复初之学乎。庸以为诸生告且自勖焉。（《宁远县志·艺文志》，嘉庆十七年刊本）

重修儒学记

乾隆七年知县蒋德重又修之。

国朝定鼎以来，文教覃敷。圣祖仁皇帝寿考作人六十余年，养育熏陶，人才蔚起。

我皇上继天立极，辟雍讲学，立贤无方。十年乡会特科，千载殊逢。湖南分试，又御制万言广训，颁行天下。虽穷乡僻壤，村童牧竖，无不蒸蒸向化，慕义从风，洵称远迈三代，媲美唐虞矣。宁远旧名延唐，溯而上之，又为泠道春陵，尝阅志乘代有闻人，今幸沐浴皇风，自宜文运日盛，乃反逊于前者，何哉？舆论谓文庙因城高逼近，正殿不扬，不能把九疑潇水之秀，实由于此。予思邑自汉唐宋明诸代，事业文章昭然可考，巍科鼎甲接踵同登，李、周、乐、杨、刘、雷、黄、邓诸君子尤其最著，何今日若难踵其芳躅者？不可谓舆论之非真也！夫修废举坠，乃守土之职，而崇文重道，亦多士之心。爰同学博丁龙两先生集诸生于明伦堂，告以倡先重修之意，一时闻者靡不鼓舞。余虽俸微力薄，而多士踊跃足资，一乃心力，共谋经始。鸠工庀材，期年而竣。今则美奂美轮，复嶵嵘于始建，肯涂肯臒，彰藻绘于重新，万仞宫墙，用瞻栋宇之壮丽千秋俎豆时，荐黍稷之馨香。自兹，宏模再峙，瑞兆重开，地脉发祥，人文蔚起，仁看合邑多士联萅艺苑黼黻皇猷，科名姓氏，银榜金书，当与历朝诸先达后先辉映矣。余实后有望焉。是为序。

（《宁远县志·艺文志》，嘉庆十七年刊本）

重修学宫碑记

楚故南服，宁远在古为泠道、春陵二县地，尤居楚之南偏，《环宇记》云："地有舜之遗风。"而刘梦得亦称："潇湘间无土山，无浊水，民秉是气，往往清慧而文。"今验之信然。余自乾隆丙戌，恭膺简命，承乏兹土，阅邑乘所载，唐宋以来，大魁者二人，皆有义风著闻，其余以名进士出身者，指不胜屈。乃至今亦稍陵替矣。岂本之未培，枝叶衰落，其势然欤？学校，人才之本也。宁邑学宫，自大兴沈令于康熙二十年鼎建，兵燹之余，规制草率，厥后，虽钱塘徐令贵筑，蒋令相继重葺，顾因仍简陋，且木植浇薄，墙壁漶漫，浸就倾圮。过其前者，不辨其为宫墙也。余始至见之，不胜慨然。以为兴废举坠，当无大于此者，爰谋诸学博张君进诸生而议新之。诸生咸奋然曰："吾宁士气不振，百年于兹。虽由人事，然而学校荒芜，即所谓本实先拨矣。敢不竭力。"未几孙君亦至，众议克谐，相与相地脉，观流泉，厥土就燥，厥水就渟，移基略近乎东，立向稍改于前，为殿，为阶，为门，为庑，规制井然。峙于后者为崇圣祠，其旁为尊经阁，戟门外附之以名宦、乡贤，而棂星门、泮池以及文星楼灿列于前焉，至若明伦堂，若东西学廨，若忠义节孝祠，又其次第及之者也。或益向所未备，或撤故而更新，其势崇隆，其制辉煌，其植巩固，经费出入，皆邑绅士董理之，计费白镪（银）约二千两有奇。经始于戊子仲春，落成于己丑季秋，伟哉役也。可谓一劳永逸，前未有及，而后可为程矣。余惟自古建国，君民教学为先，纲常伦纪之大，人心风俗之原，于是乎在，今圣天子临雍讲道，劝学兴贤，近古以来，所未有，承流宣化，凡内外臣工与有责焉，况守土者乎？释此不务，而斤斤于簿书期会，抑亦末矣。然则望宫墙之美富，以兴其仰止景行之思，忆前哲之风流，以长其道德功名之气。异时，邑中人士，处则有守，出则有为，为儒宗，为国器，胥于此出，岂直区区科名，将足以媲隆于古哉！余既乐观其成，而又因众心踊跃，卜人士之方兴未艾也。于是乎书。邑令詹而廉为记。（《宁远县志·艺文志》，嘉庆十七年刊本）

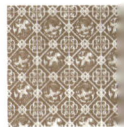

（一）古籍

［1］耿素丽，陈其泰. 历代文庙研究资料汇编：全十四册. 北京：国家图书馆出版社，2012.

［2］顾沅. 圣庙祀典图考. 北京：中华书局，2016.

［3］孔子文化大全编辑部. 文庙丁祭谱/文庙从祀位次考. 影印本. 济南：山东友谊书社，1989.

［4］孔子文化大全编辑部. 文庙贤儒功德录/历代名儒传. 影印本. 济南：山东友谊书社，1989.

［5］李瀚章，裕禄. 光绪湖南通志. 影印本. 长沙：岳麓书社，2009.

［6］李毓九. 宁远县志. 刊本. 1942（民国三十一年）.

［7］刘道. 康熙九年·永州府志注释. 长沙：湖南人民出版社，2011.

［8］欧阳修，宋祁. 新唐书. 北京：中华书局，1975.

［9］王逸. 楚辞章句. 长沙：岳麓书社，2013.

［10］虞自铭. 明洪武·永州府志注释. 长沙：湖南人民出版社，2013.

［11］曾钰. 宁远县志. 刊本. 1812（嘉庆十七年）.

［12］张大煦. 宁远县志. 刊本. 1876（光绪二年）.

［13］张廷玉. 明史. 上海：上海古籍出版社，1986.

［14］郑志斌. 葬书. 点校本. 天津：天津古籍出版社，1999.

［15］周敦颐. 周敦颐集. 北京：中华书局，2009.

［16］朱熹. 楚辞集注. 北京：中国书店，2015.

（二）著作

［1］陈洪兴，程枫淮. 德阳文庙. 成都：四川人民出版社，2016.

［2］陈洪兴. 孔庙文化的守望与拓展. 长春：吉林文史出版社，2016.

［3］程舜英. 中国古代教育制度史料. 北京：北京师范大学出版社，2011.

［4］董培良. 平遥文庙. 太原：山西经济出版社，2004.

［5］董喜宁. 孔庙祭祀研究. 北京：中国社会科学出版社，2014.

［6］范小平. 中国孔庙. 成都：四川文艺出版社，2004.

［7］丰宗国. 孔庙释奠制度研究. 北京：华夏出版社，2011.

［8］高明士. 东亚传统教育与学礼学规. 上海：华东师范大学出版社，2008.

［9］高明士. 东亚教育圈形成史论. 上海：上海古籍出版社，2003.

［10］宫衍兴，王政玉. 孔庙诸神考——孔庙塑像资料编. 济南：山东友谊出版社，1994.

［11］胡务. 元代庙学：无法割舍的儒学教育链. 成都：巴蜀书社，2005.

［12］湖南省文物考古研究所，三湘都市报. 寻找家园深处的珍藏：湖湘物质文化遗产之旅. 长沙：湖南科学技术出版社，2012.

［13］黄进兴. 皇帝、儒生与孔庙. 北京：生活·读书·新知三联书店，2014.

［14］黄进兴. 圣贤与圣徒. 北京：北京大学出版社，2005.

［15］黄进兴. 优入圣域：权力、信仰与正当性. 北京：中华书局，2010.

［16］江铭. 中国教育督导史.（第二版）. 北京：人民教育出版社，2003.

［17］孔德平. 曲阜孔庙祭祀通解. 北京：现代出版社，2007.

[18] 孔祥林，孔喆. 世界孔子庙研究（上、下）. 北京：中央编译出版社，2011.

[19] 雷闻. 郊庙之外：隋唐国家祭祀与宗教. 北京：生活·读书·新知三联书店，2009.

[20] 李永康，高彦. 北京孔庙国子监史话. 北京：燕山出版社，2010.

[21] 刘昕，刘志盛. 湖南方志图汇编. 长沙：湖南美术出版社，2009.

[22] 刘新. 儒家建筑——文庙. 北京：中国建筑工业出版社，2013.

[23] 刘续兵，房伟. 文庙释奠礼仪研究. 北京：中华书局，2017.

[24] 刘亚伟. 远去的历史场景：祀孔大典与孔庙. 济南：山东文艺出版社，2009.

[25] 刘英杰. 中国教育大事典. 1840年前. 杭州：浙江教育出版社，2004.

[26] 孟继新. 天下第一庙. 济南：山东友谊出版社，1995.

[27] 南京工学院建筑系与曲阜文物管理委员会. 曲阜孔庙建筑. 北京：中国建筑工业出版社，1987.

[28] 彭蓉. 中国孔庙建筑与环境. 郑州：中州古籍出版社，2011.

[29] 曲英杰. 孔庙史话. 北京：社会科学文献出版社，2011.

[30] 沈旸. 东方儒光：中国古代城市孔庙研究. 南京：东南大学出版社，2015.

[31] 舒新城. 辞海. 北京：中华书局，1981.

[32] 司雁人. 学宫时代：古代中国人怎样考大学. 北京：中国社会科学出版社，2005.

[33] 王发志. 岭南学宫. 广州：华南理工大学出版社，2011.

[34] 王凤喈. 中国教育史. 福州：福建教育出版社，2011.

[35] 王其钧. 中国传统建筑屋顶. 北京：中国电力出版社，2009.

[36] 隗瀛涛. 孔学孔庙研究. 成都：巴蜀书社，1991.

[37] 杨大禹. 儒教圣殿：云南文庙建筑研究. 昆明：云南大学出版社，2015.

［38］［英］李约瑟. 中国科学技术史. 北京：科学出版社，2008.

［39］张希清. 10-13世纪中国文化的碰撞与融合. 上海：上海人民出版社，
      2006.

［40］张亚祥. 江南文庙. 上海：上海交通大学出版社，2009.

［41］张泽槐. 永州史话. 桂林：漓江出版社，1997.

［42］郑州市商城遗址保护管理处. 郑州文庙. 北京：科学出版社，2015.

［43］朱汉民，李弘祺. 中国书院. 长沙：湖南教育出版社，1997.

［44］朱鸿林. 孔庙从祀与乡约. 北京：生活·读书·新知三联书店，2015.

［45］邹律姿. 湖南文庙与书院. 北京：文物出版社，2004.

［46］左靖. 文庙：儒家的先贤祠. 北京：金城出版社，2014.

后记

　　宁远文庙是湖南省现存规模最大、形制最为完备的文庙，是一方文脉的历史见证者。它作为"国保"级的文化遗产，也是历史留给我们子孙后代珍贵的"国宝"。笔者初次接触文庙时，对其知之甚少，只知它是历史的遗留物，里面供奉以孔子为代表的儒家人士。

　　作为湖南人，却对湖南的宁远文庙不甚了解，我感到非常惭愧，为了增进对宁远文庙的了解，我开始着手考察和查阅与文庙相关的文献。2016年7月，第一次去宁远。我迫不及待买了门票参观宁远文庙，所见皆使我驻足流连，石质构件是文庙中最为吸引人的，感叹其历史悠久之余，还被其所表现出的生动、活泼以及高超的雕刻技艺所折服，这激起了我了解这一古老遗迹的热情。紧接着我去了宁远档案馆、文庙研究所，以期可以寻到关于宁远文庙的更多历史记载。在说明来访缘由之后，文物局工作人员热情提供了帮助，还陪同一起参观宁远文庙，讲述文庙的发展历史。在工作人员的帮助下我获得了有关文庙的很多可贵资料，并拍摄了很多照片。之后，我还对文庙所在的周边地理环境进行了考察，此行受益很大。为了便于后期对宁远文庙的追踪了解，我还与当地文庙研究人员和文庙管理所所长以及文庙工作人员建立了密切的联系，通过及时的联系沟通，文庙陆续发生的变化也都尽在掌握之中。

经过两年时间的写作，书稿才得以初步完成，后经反复修改。而由于自身能力有限，自知书稿还有诸多的不足，以待读者批评指正和后期的修改。

在书稿的写作过程中，需要感谢的人非常多，感谢周洪宇老师的引领和指导，感谢赵国权教授等同门师兄姐弟们的修改意见，感谢宁远文庙的所长郑成德先生以及文庙管理人员曾艳女士提供文庙照片，感谢宁远档案馆管理人员的热心解说，感谢朋友王慎博士的陪同考察以及协助写作和修改，还有感谢前辈们的研究成果以资我借鉴，出版社蒋伟老师、周红心主任、孙文飞、齐爽编辑等的辛勤付出，在此一并谢过。

王配

2021年1月20日于桂子山

图书在版编目（CIP）数据

宁远文庙研究 / 王配著 . — 济南：山东教育出版社，2021.10
（中国文庙研究丛书 / 周洪宇总主编）
ISBN 978-7-5701-1636-2

I. ①宁… II. ①王… III. ①孔庙—研究—宁远县 IV. ① K928.75

中国版本图书馆 CIP 数据核字 (2021) 第 056509 号

SERIES OF STUDIES
ON
CHINESE
CONFUCIUS
TEMPLES

中国文庙研究丛书

A
STUDY
ON
NINGYUAN
CONFUCIUS
TEMPLE

宁远文庙研究

王 配著

选题策划: 蒋 伟 苏文静
责任编辑: 孙文飞 齐 爽
责任校对: 舒 心
装帧设计: 姜海涛

主管单位: 山东出版传媒股份有限公司
出 版 人: 刘东杰
出版发行: 山东教育出版社

地　　址: 济南市市中区二环南路 2066 号 4 区 1 号
邮　　编: 250003
电　　话: (0531) 82092660
网　　址: www.sjs.com.cn

印　　刷: 山东临沂新华印刷物流集团有限责任公司
开　　本: 720 毫米 ×1020 毫米　1/16
印　　张: 17.5
字　　数: 224 千
版　　次: 2021 年 10 月第 1 版
印　　次: 2021 年 10 月第 1 次印刷
印　　数: 1—2000
定　　价: 76.00 元

如印装质量有问题，请与印刷厂联系调换，电话: 0539-2925659